H. D. Nicolay

Praktischer Ratgeber für Eltern, Lehrkräfte und Therapeuten

Das
Legasthenie-Märchen

Jedes Kind kann fehlerfrei lesen
und schreiben lernen

© 2. Auflage März 2010

Verlag:
Nicolay-Coaching, München

Umschlaggestaltung, Satz und Layout:
NeueWelten Design (www.neuewelten-design.de)

Lektorat:
Carl Polónyi, Berlin
Monika Klingemann, Darmstadt

Druck:
winterwork (www.winterwork.de)

ISBN 978-3-00-32403-1

Mit diesem Buch können alle interessierten Eltern, Lehrer und Lernbegleiter die Möglichkeit nutzen, Kinder darin zu unterstützen, dass sie zur sicheren Rechtschreibung gelangen. Lediglich die kommerzielle Verbreitung und die Ausbildung sind durch das eingetragene Warenzeichen geschützt und setzen die Teilnahme an einem Aus- oder Weiterbildungskurs und eine Zertifizierung voraus. Es geht mir dabei darum, die Qualität der Methode zu sichern.

Danksagung

Ich danke allen Kindern und Eltern, die mir über die letzten 15 Jahre ihr Vertrauen geschenkt haben, mit ihnen gemeinsam zu lernen, die Methode ständig weiterzuentwickeln und im Interesse der Kinder immer schneller wirksam zu machen.

Ich danke allen meinen Lehrern, die mir über die letzten 20 Jahre in pädagogischen und therapeutischen Studien und Ausbildungen zu meinen Fähigkeiten verholfen haben.

Außerdem gilt mein Dank:

Frau Klingemann und Herrn Polónyi, durch deren Engagement und wunderbare Arbeit im sprachlichen Ausdruck mein Wissen und meine Erfahrungen in eine klare, einfache Sprache gegossen wurde, was das Buch für Kinder und Erwachsene zu einem praktischen Ratgeber macht,

Frau Herpich für die ansprechende grafische Gestaltung

und allen Freunden und Bekannten, die mir in Stunden von Zweifeln und Ratlosigkeit beigestanden und mich mit Herz und Tat unterstützt haben.

Inhalt

Vorwort 13

Einleitung 14

1. Lese-Rechtschreib-Schwäche (LRS) und Legasthenie in Deutschland 17
   1.1 Verbreitung und Folgen 17
      1.1.1 Zerstörung des geistigen Potenzials unserer Kinder 18
      1.1.2 Verschwendung von Steuergeldern in Millionenhöhe 19
   1.2 Gründe für eine LRS 19
      1.2.1 Lösungsansätze 22
   1.3 Der Umgang mit LRS in den Schulen 23
      1.3.1 Das Vorgehen bei erkannter Lese-Rechtschreib-Schwäche 24
      1.3.2 LRS in Freien, Montessori- und Waldorfschulen 24

2. Meine persönlichen biografischen Erfahrungen 26
   2.1 Kindheit und erste Berufswahl mit Lese-Rechtschreib-Schwäche 26
   2.2 Wendepunkt und Neuorientierung 27
   2.3 Mein Weg zum Lern- und Familienberater 28

Inhalt

3. Das Wirkungsprinzip der NRM 30

   3.1 Das Grundprinzip der NRM 30

      3.1.1 „Weißt du, wie du Wörter in deinem Kopf speicherst?" 30

      3.1.2 Wie speichern sichere Rechtschreiber Wörter im Kopf? 30

      3.1.3 „Das kann ich auch!" 31

      3.1.4 Begleitende Unterstützung 32

      3.1.5 Eltern – Garanten für schnelle Erfolge 32

   3.2 Die Lernstrategien bei sicherer und bei fehlerhafter Rechtschreibung 32

      3.2.1 Der Lernstil bei sicherer Rechtschreibung 35

      3.2.2 Die Lernstrategie bei fehlerhafter Rechtschreibung 41

   3.3 Lernen lernen – die Vermittlung der erfolgreichen Lernstrategie 46

   3.4 Die Vorzüge der NRM 49

      3.4.1 Schnelle Therapieerfolge 49

      3.4.2 In jede Therapieform integrierbar 49

      3.4.3 Hilfe zur Selbsthilfe 50

      3.4.4 Reduktion und Vorbeugung von LRS an Schulen 50

   3.5 Nachweis der Erfolge 51

Inhalt

4. Die praktische Umsetzung der NRM 54

  4.1 Den eigenen Lernstil erkennen 54

  4.2 Den Lernstil des sicheren Rechtschreibers erkennen 59

  4.3 Tipps, die das Lernen wesentlich erleichtern 65

    4.3.1 Anwendung der Entspannungs- und Konzentrationsübung 66

    4.3.2 Sitzhaltung 66

    4.3.3 Auf die Sitzknochen setzen 67

    4.3.4 Bauch- statt Brustatmung 68

    4.3.5 Entspannter Unterkiefer 70

    4.3.6 Ruhige Augen 72

    4.3.7 Lernen geschieht im Hier und Jetzt 73

  4.4 Vorstellungshilfen 78

    4.4.1 Der Bildschirm im Kopf 78

    4.4.2 Die Kassette im Kopf 80

    4.4.3 Mit dem „Kobrablick" (peripheren Blick) lernen 81

  4.5 Die Aufgaben der Eltern und Lernbegleiter 98

    4.5.1 Richtig korrigieren 98

    4.5.2 Zuversicht zeigen 99

    4.5.3 Eine kooperative Eltern-Kind-Beziehung 101

  4.6 Das weitere Training mit der NRM 112

    4.6.1 Regelmäßige Anwendung 112

    4.6.2 Bekannte Lernwörter neu einprägen 113

    4.6.3 Automatisierung der neuen Lernmethode 114

Inhalt

5. Die NRM in Kleingruppen und Schulklassen 115
   - 5.1 Vorannahmen für die NRM 115
   - 5.2 Anwendung in Kleingruppen und Schulklassen 117
     - 5.2.1 Lernstilerkennung und lernen lernen 117
     - 5.2.2 Störungen vor Beginn auflösen 120
     - 5.2.3 Lehrerverhalten 121

Ralf Gerhardt:
Erfolgreiche Rechtschreibvermittlung im Vergleich 125

- Legasthenietherapie und NRM 125
- Eine kurze Geschichte der Legasthenieforschung 125
  - Liegt die Ursache im Kind? 126
  - Mangelnde Intelligenz? 126
- Die neueren Forschungsansätze 127
  - Der entwicklungspsychologische Ansatz 127
  - Der lernpsychologische Ansatz 128
  - Der medizinische Ansatz 128
- Die NRM im Kontrast zu herkömmlichen Ansätzen 129
  - LRS und Schriftspracherwerb 129
  - Die Stufen des Schriftspracherwerbs 129
  - Übergang als Rückschritt? 130
  - Wortbildjäger, Buchstabensammler, Kontextspekulanten und die NRM 130
  - Die phonetische Lesestrategie als Ursache? 131
  - Arbeitsteilung zwischen auditivem und visuellem Speicher 131

Inhalt

Exkurs: Lauttreue und Sprachenlernen – Beispiele aus dem Fremdsprachenlernen ... 132

Wörter aus dem Kontext erfassen ... 133

Die Kontextspekulanten = Phoneten ... 134

Mangelnde Bedeutungserfassung und Aussprache als Kennzeichen von LRS? ... 134

Vermischen der drei Strategien ... 136

Kein Transfer des Lesens auf die Schreibfähigkeit ... 136

Legasthenie in der Schule – früher und heute ... 137

Förderkurse und Notenbefreiung als Hilfestellungen ... 137

Methoden zur Behebung der LRS ... 138

Raumlage, p oder q ... 138

Die phonetische Schreibstrategie ... 139

Spezielle Aussprachevarianten zum Verschriftlichen? ... 140

Reform der Didaktik des Erstleseunterrichts ... 141

Fazit ... 142

Schlusswort ... 145

Antworten auf häufig gestellte Fragen ... 147

Literaturverzeichnis ... 155

Schaubilder zum Gehirn ... 157

Kobrabilder ... 159

Vorwort

Legasthenie und schwache Rechtschreibung stellten für mich als betroffene Mutter und Pädagogin über nahezu zwei Jahrzehnte eine scheinbar nicht lösbare Herausforderung dar. Jahrelang war ich auf der Suche nach einer erfolgreichen Methode zur Förderung von Kindern mit Rechtschreibproblemen. Ich las viel Literatur, besuchte Weiterbildungen, Vorträge, Workshops der verschiedensten Institutionen von Ärzten, Pädagogen und Therapeuten. Die Ergebnisse schwankten zwischen Ohnmacht gegenüber dem Phänomen und Vorschlägen für monatelanges gezieltes Üben. Da ich den Weg des Übens mit meiner damals lernfreudigen Tochter in allen Facetten ohne Erfolg erfahren hatte, war es nicht das, was ich suchte.

Die Begegnung mit der **Nicolay-Rechtschreib-Methode®** (**NRM**) änderte schlagartig meine Sichtweise. Seitdem hat sich alles in Wohlgefallen aufgelöst. Die von Herrn Nicolay entwickelte Methode ist phänomenal. Sie lässt sich in den alltäglichen Unterricht sowie alle Therapieformen integrieren.

Heute begleite ich Kinder mithilfe der **Nicolay-Rechtschreib-Methode®** auf dem Weg, ihren persönlichen Lernstil und den Lernstil erfolgreicher Rechtschreiber zu erkunden. Es ist beglückend zu sehen, wie die Kinder innerhalb kürzester Zeit wieder Selbstvertrauen fassen. Sie reaktivieren die verloren geglaubte Freude am Lernen. Sie wissen nun genau, wie Erfolge erzielt werden können. Diese Erkenntnis wenden sie zuerst zaghaft und dann immer sicherer und dankbar an.

Ich freue mich für jene betroffenen Familien, welche das Glück haben, mithilfe der **Nicolay-Rechtschreib-Methode®** wieder Ruhe und Freude in ihre Familie einziehen zu lassen. Haben Sie Vertrauen in Ihre Kinder und die Methode. Ihre Kinder werden es Ihnen danken.

Monika Regina Juraschek

Einleitung

Sie haben dieses Buch gekauft, weil Sie ein persönliches Interesse daran haben, ein wirkungsvolles Konzept gegen Lese-Rechtschreib-Schwäche (LRS) kennenzulernen oder praktische Tipps zu finden, wie Sie Ihr Kind vor Lese-Rechtschreib-Problemen bewahren können. Vielleicht hat Ihr Kind in der Schule Probleme mit der Rechtschreibung. Vielleicht möchten Sie Ihre eigene Rechtschreibung in Deutsch oder einer Fremdsprache verbessern. Oder Sie sind als Lehrkraft oder Therapeut auf der Suche nach einer Methode, die betroffenen Schülern effektive und schnelle Hilfestellung beim sicheren Erlernen der Rechtschreibung sowie des flüssigen und fehlerfreien Lesens gibt.

Der vorliegende Ratgeber stellt Ihnen allgemeinverständlich praktische Anwendungen vor, mit denen lese- und rechtschreibschwache Kinder lernen, gute Noten im Lesen und Schreiben zu erzielen. In der Regel werden dafür drei bis maximal zehn Einzelsitzungen von je anderthalb Stunden bei mir oder einem ausgebildeten Anwender der **Nicolay-Rechtschreib-Methode®** (**NRM**) benötigt. Auch eine Vorbeugung ist damit möglich, sodass Kinder wirkungsvoll vor LRS bewahrt werden können.

Die Kinder lernen, sich der Denkprozesse, die sie beim Lesen und Schreiben einsetzen, bewusst zu werden. Sie erfahren, wie sich sichere Rechtschreiber ihre Denkprozesse zunutze machen und wie sie selbst diese effektiven Lernstrategien erfolgreich anwenden können. Das Kind lernt das im Folgenden Beschriebene zu Hause mit Unterstützung der Eltern oder eines Lernbegleiters.

Die Methode basiert auf wissenschaftlichen Erkenntnissen der Neurologie und Psycholinguistik. Die Kinder lernen zunächst einzelne Wort aus dem Lernwortschatz oder Vokabeln einer Fremdsprache fehlerfrei bildhaft zu speichern, später dann auch Texte

Einleitung

und grammatikalische Regeln. So können sie diese in Zukunft fehlerfrei abrufen und aufschreiben.

Ein speziell entwickeltes Konzept, das die Konzentrations- und Entspannungsfähigkeit sowie das Selbstwertgefühl stärkt sowie eventuelle seelische, familiäre oder sozialer Nachteile, die sich negativ auf das Erlernen der sicheren Rechtschreibung und flüssigen Lesens auswirken ausgleichen, ist ein weiterer wesentlicher Baustein der Methode.

Ein Elternteil oder Lernbegleiter ist aktiv in die Einzelsitzungen eingebunden. Er erhält praktische Anleitungen, die in diesem Buch enthalten sind, um die Förderung zu Hause ohne externe Hilfe weiterzuführen und erfolgreich abzuschließen.

Als Kind war ich selbst von Rechtschreibproblemen betroffen, was meinen beruflichen Lebensweg stark beeinflusst hat. Im zweiten Kapitel schildere ich meine persönlichen Erfahrungen.

Falls Sie an diesem persönlichen Bericht kein Interesse haben, empfehle ich Ihnen, nach der Lektüre des einführenden ersten Kapitels gleich mit dem dritten fortzufahren: Dort erhalten Sie Informationen über die Wirkungsweise der von mir entwickelten Lese-Rechtschreib-Methode, bevor im vierten Kapitel die praktische Umsetzung des Konzepts in der Einzelförderung detailliert zur eigenen Anwendung beschrieben wird.

Lehrkräfte, die die Methode im Klassenzimmer einsetzen möchten, sollten zunächst in Einzelförderungen zwei bis drei Kinder mit ihr zur sicheren Rechtschreibung und zu flüssigem und fehlerfreiem Schreiben führen. Darauf aufbauend kann dann mit dem **NRM-Unterrichtskonzept** mehreren Schülern oder einer ganzen Klasse im Rahmen eines Lernen-lernen-Unterrichts die sichere Rechtschreibung und das flüssige und fehlerfreie Schreiben vermittelt werden.

Einleitung

Das **NRM-Unterrichtskonzept** wird in speziellen Aus- und Weiterbildungsseminaren für Lehrkräfte vermittelt. Dieses Buch enthält einen Überblick über den Einsatz der Methode im Unterricht, mit dem Sie in Verbindung mit den Anweisungen zu den Einzelsitzungen experimentieren können. Doch bitte ohne den Anspruch, dass dies ausreiche, die **NRM** erfolgreich in Gruppen oder Klassen unterrichten zu können.

1. Lese-Rechtschreib-Schwäche (LRS) und Legasthenie in Deutschland

1.1 Verbreitung und Folgen

Lese-Rechtschreib-Schwäche (LRS) oder Legasthenie bezeichnen mehr oder minder das Gleiche; die übliche Bezeichnung wechselt je nach Bundesland. Für die erfolgreiche Vermittlung der **Nicolay-Rechtschreib-Methode®** (**NRM**) ist es daher ohne Bedeutung, welcher Begriff dem Kind für die Diagnose zugewiesen worden ist. Ich verwende in diesem Buch vor allem den Begriff Lese-Rechtschreib-Schwäche (LRS). Er bezeichnet eine der häufigsten Entwicklungsstörungen, die oft bis ins Erwachsenenalter besteht und die psychosoziale Entwicklung der Betroffenen und ihre Bildungskarriere maßgeblich beeinflusst. Wir leben in einer sehr visuell geprägten Gesellschaft, in der schriftliche Leistungen sehr hoch, ja überbewertet werden. An weiterführenden Schulen, Universitäten oder im Beruf bringen Rechtschreibfehler für die Betroffenen meist deutliche Nachteile mit sich.

Vier bis sechs Prozent der Bevölkerung, dies entspricht circa vier Millionen Deutschen, haben große Schwierigkeiten, lesen und schreiben zu lernen. Trotz guter Intelligenz und regelmäßigem Schulbesuch scheitern sie daran, Texte zu lesen und sich schriftlich mitzuteilen. Viele Kinder mit einer LRS werden zu spät erkannt, meist erst dann, wenn sie aufgrund ausgeprägter Schulschwierigkeiten psychische Störungen entwickeln. Schulängste und Depressionen, sogar Selbstmordgedanken können die Folge sein (Angaben des Bundesverbands Legasthenie, zitiert aus www.bvl-legasthenie.de).

In Bayern besuchen 41.000 Grundschüler und 8.000 Hauptschüler Lese-Rechtschreib-Förderkurse, circa 5.000 Kinder befinden sich in langwierigen Therapien („Süddeutsche Zeitung", 15.12.1999,

1. LRS und Legasthenie in Deutschland

Bayernteil). Neuere Zahlen zu erhalten, ist mir trotz mehrmaliger Anfragen beim Jugendamt München in den Jahren 2007 und 2009 nicht gelungen.

Allein vom Arbeitskreis Legasthenie Bayern e. V. werden nach dessen eigenen Angaben in Bayern rund 2.000 Kinder von circa 120 Psychologen therapiert. Pro Kind beträgt die Behandlungszeit durchschnittlich 60 Therapiestunden, verteilt über einen Zeitraum von anderthalb Jahren (www.akl-bayern.de).

Eine wissenschaftliche Studie der Universität Würzburg wies bereits 1999 nach, dass 40 Prozent der von LRS betroffenen Kinder, die sich in Langzeittherapien befinden, psychisch krank werden. Knapp ein Viertel davon rutscht ins kriminelle Milieu ab („Eine Laune der Natur", „Süddeutsche Zeitung", 15.12.1999).

1.1.1 Zerstörung des geistigen Potenzials unserer Kinder

Dabei besteht die Tendenz, den betroffenen Kindern zu unterstellen, mit ihnen stimme etwas nicht. Sie werden abgestempelt, müssen sich Tests unterziehen, und es wird nach Unregelmäßigkeiten gesucht, die dann den Kindern als zu therapierender Mangel, Unfähigkeit bis hin zu Krankheit bescheinigt werden.

Mit jeder unnötigen Therapiestunde nimmt das Vertrauen der Kinder in ihr Leistungsvermögen und ihr Selbstwertgefühl rapide ab. Viele glauben aufgrund ihrer langen negativen Therapieerfahrungen nicht mehr daran, dass sie ihre Rechtschreibung noch verbessern können. Sie stufen sich als unfähig, oft als dumm ein, und zwar meist ein Leben lang. Man muss von einer massiven Zerstörung des geistigen Potenzials unserer Kinder sprechen. Und dies in einer Zeit, in der propagiert wird, „Deutschlands einziger Rohstoff" sei „das geistige Potenzial unserer Kinder". Um dieses geistige Potenzial zu sichern, kann die **NRM** einen Beitrag leisten.

1.1.2 Verschwendung von Steuergeldern in Millionenhöhe

Auf Antrag und bei gutachterlich festgestellter „seelischer Behinderung" aufgrund von Legasthenie müssen die Therapiekosten in einigen Bundesländern vom Jugendamt in Form von Eingliederungshilfe übernommen werden, finanziert aus Steuergeldern. Pro Kind, das für eine Therapie anerkannt ist, muss eine Therapiezeit von 30 bis 80 Stunden bewilligt und bezahlt werden.

Das Gesamtaufkommen für LRS-Therapien beläuft sich bayernweit nach meinen Schätzungen auf circa 15 Millionen Euro Steuergelder pro Jahr, was 1.500-5.000 Euro Steuergelder pro Kind bedeutet. Genaue Zahlen zu erhalten, ist schwierig. Nachfragen, zum Beispiel beim Jugendamt München, sind ergebnislos verlaufen.

Es bleibt festzustellen, dass eine sehr hohe Zahl von Kindern von LRS betroffen ist. Die Kosten für Therapien sind immens, und die psychischen Folgen, besonders von überlangen Therapien, sind gravierend.

1.2 Gründe für eine LRS

Drei Hauptursachen (Punkte 1-3) lassen sich nach meinen Erkenntnissen ausmachen, die die Zahl der von LRS betroffenen Schüler stetig ansteigen lassen; daneben gibt es noch drei weitere Faktoren (Punkte 4-6), die häufig am Auftreten einer LRS beteiligt sind:

1. Die wesentliche Ursache einer LRS ist die unbewusste Nutzung eines ineffektiven Lernstils. Kinder mit Problemen im Lesen und Schreiben nutzen unreflektiert eine Denkstrategie, die für das sichere Erlernen des Lesens und Schreibens bekannter Wörter (also der Orthografie und des Schriftspracherwerbs) ungeeignet ist.

1. LRS und Legasthenie in Deutschland

2. Phonetische Unterrichtsmethoden zur Schriftsprachvermittlung, also solche, die sich am Klang der einzelnen Laute eines Wortes orientieren, produzieren bei Kindern, die sich geschriebene Wörter nur oder vornehmlich in ihrem Lautklang merken, in erheblichem Maße Lese-Rechtschreib-Schwierigkeiten, da Lautklang und Schriftbild im Deutschen oft nicht übereinstimmen und diese Kinder weniger vertraut mit ihrem visuellen Vorstellungsvermögen sind und nicht wissen, wie sie es für die Rechtschreibung nutzen können.

3. Aber auch Kinder mit einer in Bezug auf die Rechtschreibung primär visuellen Denkstrategie können Lese-Rechtschreib-Schwierigkeiten bekommen, wenn ihnen das Lesen und Schreiben mit einer phonetischen Methode beigebracht wird. Das geschieht dann, wenn sie sich durch auditive Lernstrategien (Strategien mittels Hören) in ihrer visuellen Lernstrategie irritieren lassen.

4. Ein wichtiger Faktor für das Auftreten von LRS ist der Zwang, etwas Fremdbestimmtes zu einer fremdbestimmten Zeit zu lernen. Individuelle Entwicklungsfenster, das Interesse und die Motivation des Kindes sowie sein eigenes Lerntempo bleiben oft unberücksichtigt. Eine Untersuchung an der freien Sudbury-Schule in den USA hat ergeben, dass kein einziges Kind, das bis dahin von ihr abgegangen war, eine LRS hatte (siehe „Endlich frei! Leben und Lernen an der Sudbury Valley Schule" von Daniel Greenberg und Martin Wilke). Ich selbst habe viele Jahre das Sudbury-Schulsystem studiert, war an der Gründung der Sudbury-Schule in Maui/Hawaii beteiligt und kann dies bestätigen. Bekommen Kinder ausreichend Zeit und die volle Eigenverantwortung, das zu lernen, was sie interessiert, und ohne jede Fremdsteuerung auch nur dann zu lernen, wenn es sie interessiert, geht erfolgreiches Lernen sehr schnell! Kinder merken rasch die Notwendigkeit, in ihrem Alltag lesen und schreiben zu können. Ist dies doch eine Grundvoraussetzung, um sich in unserer Welt und

1. LRS und Legasthenie in Deutschland

Gesellschaft bewegen, austauschen und mitteilen zu können. Brauchen sie zudem noch sehr gute orthografische, grammatikalische oder sonstige sprachliche Fähigkeiten, um zum Beispiel auf einer bestimmten Schule angenommen oder für ein bestimmtes Studium zugelassen zu werden, dann suchen sie sich auch fachliche Unterstützung und lernen sehr motiviert und zielstrebig.

5. Eltern haben oft eine genaue Vorstellung davon, wann ihr Kind etwas Bestimmtes können soll. Meist wird dies durch den Druck ausgelöst, dass das Kind den Übergang auf eine weiterführende Schule und somit einen wesentlichen Schritt für eine gute Ausbildung schaffen soll. Stellen sich Fehler oder Schwierigkeiten ein, werden viele Eltern ungeduldig oder ängstlich und verlieren die Zuversicht in die Fähigkeiten ihres Kindes. Eigene Erfahrungen mit der Rechtschreibung oder der Schullaufbahn spielen ebenfalls oft eine Rolle. Das kann eventuell daran liegen, dass die Eltern – selbst unsichere Rechtschreiber – eigene Ängste oder Erinnerungen an ihr eigenes Scheitern auf ihr Kind projizieren. Oder sie können umgekehrt, wenn sie selbst sichere Rechtschreiber sind, das Ausmaß von dessen Lernschwierigkeiten nicht nachvollziehen. In solchen Fällen wird mit viel Zeitaufwand gepaukt und geübt, ohne einen effektiven Lernstil für das Kind zu kennen, geschweige denn zu nutzen. Stellen Sie sich vor, Sie wollen mit einem Auto übers Wasser fahren, Ihnen ist aber nicht bewusst, dass Reifen dafür ungeeignet sind, weshalb sie es immer wieder von Neuem versuchen. Das ist natürlich zum Scheitern verurteilt und kann nur demotivieren. So ergeht es auch vielen Kindern, denen immer wieder gesagt wird, sie müssten mehr üben und sich besser konzentrieren. Doch ohne den effektiven Lernstil (Kufen statt Reifen) müssen sie scheitern und zweifeln dann mehr und mehr an sich selbst. Irgendwann verlieren sie die Motivation. Dass solches oktroyiertes Lernen keinen dauerhaften Erfolg hat, ist absehbar.

1. LRS und Legasthenie in Deutschland

6. Seit vielen Jahrzehnten ist LRS Gegenstand tausender empirischer Untersuchungen, aber bis heute versuchen sich Fachwissenschaftler in der Beantwortung der Frage nach der Ursache für LRS vergeblich. Zu viele Symptome wurden unter den Begriffen LRS und Legasthenie zusammengefasst. Als gesichert gilt bisher lediglich:

- Es gibt keine organische, psychische oder soziale Bedingung, die in jedem Fall zu einer LRS führt.

- Es gibt keine Bedingung, die für sich allein zu einer LRS führt.

- Es gibt mehr Jungen als Mädchen, die eine LRS entwickeln.

- LRS entwickeln Kinder in allen Kulturen mit Schriftsprache.

1.2.1 Lösungsansätze

1. Kinder, denen eine LRS oder Legasthenie bescheinigt worden ist, haben keinerlei Defizite oder Krankheiten. Sie sind zu den gleichen Leistungen im Lesen und Schreiben fähig wie jene Kinder, die Lesen und Rechtschreibung sicher beherrschen. Bei der Suche nach den Gründen für LRS halte ich auch wenig davon, sie als erbliche Veranlagung zu klassifizieren. Der unselige Trend in Deutschland, vorwiegend krankheitsorientiert zu argumentieren und zu therapieren, hat zur Folge, dass Kindern, die mit dem bestehenden Schulsystem nicht klarkommen, ständig neue Krankheiten zugeordnet werden. Vor einigen Jahren wurde unter großem Medienecho ein Chromosom Nr. 15 (C15) identifiziert, das für eine „genetisch veranlagte Legasthenie" verantwortlich sein soll. Nach dieser Lehre gebe es für Betroffene, bei denen dieses Chromosom C15 nachgewiesen werde, keine Heilungschancen. LRS-Kinder werden

so vor allem für die Eltern und Lehrkräfte zu hoffnungslosen Fällen abgestempelt. Dementsprechend herrscht weitgehend die falsche Vorstellung, Rechtschreibprobleme seien, wenn überhaupt, nur in langwieriger Therapie zu beheben. Die vorliegende **Nicolay-Rechtschreib-Methode®** (**NRM**) hat in langjähriger Praxis und mit mittlerweile Tausenden Kindern bewiesen, dass dies nicht der Fall ist.

2. Sichere Rechtschreiber nutzen primär einen visuell ausgelegten Lernstil, mit dessen einfacher und sicherer Nutzung sie wohl bereits bei der Geburt ausgestattet sind.

3. Arbeiten Kind und Eltern motiviert mit und wenden das Erlernte zu Hause und in der Schule an, haben bis dato alle Kinder beachtliche Erfolge erzielt.

4. Konnten Konflikte, die zwischen den Eltern und dem Kind bestanden, nicht in eine konstruktive Zusammenarbeit verwandelt werden oder gelang es nicht, die für eine erfolgreiche Arbeit notwendigen Voraussetzungen zwischen den Eltern und dem Kind einerseits und mir andererseits zu schaffen, sind Erfolge allerdings ausgeblieben.

1.3 Der Umgang mit LRS in den Schulen

Das deutsche Schulsystem kann man pointiert als Eliteclub visuell lernender Schüler bezeichnen. Die Notengebung in den Hauptfächern Deutsch, Mathematik Fremdsprachen erfolgt hauptsächlich anhand der schriftlichen Leistungen. LRS-Kinder nutzen meist einen primär auditiven Lernstil und versuchen, auch die Rechtschreibung nach Gehör zu erlernen und niederzuschreiben. Sie haben Schwierigkeiten, ein gesehenes Wortbild im Gehirn in ein inneres Wortbild umzusetzen, wie es Kinder tun, die sicher rechtschreiben und flüssig lesen. In einem solchen Schulsystem sind Lese-Rechtschreib-Schwächen für eine größere Zahl von

1. LRS und Legasthenie in Deutschland

Schülern vorprogrammiert. Zwar schreiben Verordnungen der Kultusministerien in den meisten Bundesländern vor, dass zur Benotung von lese-rechtschreib-schwachen Kindern die mündlichen Leistungen im Vordergrund zu stehen haben und die Rechtschreibnote beispielsweise ausgesetzt wird. Dies hilft den betroffenen Kindern jedoch nicht dabei, ihre Rechtschreibung zu verbessern. Idealerweise sollten speziell geschulte Lehrer Kinder mit LRS im Unterricht besonders fördern, wie es zum Beispiel die bayerische LRS-Verordnung besagt. Doch die Realität ist weit davon entfernt. Für die praktische Umsetzung fehlen wichtige Rahmenbedingungen, wie etwa speziell geschulte Lehrkräfte, die auch schnelle Erfolge bei LRS-Kindern nachweisen können.

1.3.1 Das Vorgehen bei erkannter Lese-Rechtschreib-Schwäche

Sobald Eltern oder die Schule feststellen, dass die Rechtschreibfähigkeiten eines Kindes unterdurchschnittlich sind, gibt es ein festgelegtes Prozedere, das die Anerkennung als Legastheniker regelt. Der betroffene Schüler wird psychologisch getestet. Sind gewisse Kriterien erfüllt, erfolgt die Klassifizierung als „Legastheniker", ein Titel, der über viele Jahre hinweg Tausenden von Schülern „verliehen" wurde. Das hat einerseits Vorteile wie die Befreiung von der Rechtschreibzensur. Die andere, wesentlich gravierendere Seite ist jedoch, dass damit fast immer auch eine Zuschreibung verbunden ist. Dem Kind wird das Etikett einer Krankheit, einer „Behinderung" angeheftet. Untersuchungen zeigen, dass viele Schüler sich fatalistisch in ihr Schicksal als „Legastheniker" ergeben. Sie beginnen zu glauben, dass sie wirklich unfähig sind, und stufen sich oft als dumm ein.

1. LRS und Legasthenie in Deutschland

1.3.2 LRS in Freien, Montessori- und Waldorfschulen

In meiner Praxis habe ich viele Eltern, die ihr LRS-Kind von staatlichen Schulen auf Freie, Montessori- oder Waldorfschulen haben wechseln lassen, um dem Notendruck und den eventuellen sonstigen Benachteiligungen aus dem Wege zu gehen.

Schüler und Lehrkräfte in Freien, Montessori- und Waldorfschulen integrieren die **Nicolay-Rechtschreib-Methode**® (**NRM**) in ihre Arbeit. Grundlage dieser Schulen ist eine Pädagogik, die Kindern „Hilfe zur Selbsthilfe" gibt und eigenverantwortliches Lernen vermittelt. Es werden intelligente Fragen gestellt, die das Kind dazu motivieren, selbstreflektierend seinen individuellen Lernstil zu erkennen und zu erweitern, sodass es in seinem eigenen Tempo fehlerfrei lesen und schreiben lernt. Die Eltern und Lehrkräfte werden in notwendige Förderkonzepte integriert.

Genau diese Philosophie, aufs Kind abgestimmte Konzepte zu nutzen, entspricht auch meinem pädagogischen Ansatz.

Mit dem Einsatz der **NRM** im Unterricht ab der ersten Klasse erforschen und erkennen Kinder eigenverantwortlich unterschiedliche Denkweisen, die für das Erlernen verschiedener Inhalte zur Anwendung kommen, und probieren aus, wie sie ihr Denken effektiv für fehlerfreies Lesen und Schreiben nutzen können. Dem Kind ist es dabei freizustellen, ob und in welcher Weise es die zur Verfügung gestellten Informationen und Erfahrungen für sich nutzt.

2. Meine persönlichen Erfahrungen

Mein Lebenslauf unterscheidet sich von der herkömmlichen Abfolge „Abitur, Studium und Beruf". Da er meine Tätigkeit wesentlich bestimmt, stelle ich im Folgenden ein paar Stationen vor.

2.1 *Kindheit und erste Berufswahl mit Lese-Rechtschreib-Schwäche*

Als Kind wollte ich Pfarrer werden, in der Kirche fühlte ich mich zu Hause. Mir war weniger wichtig, was von der Kanzel verkündet wurde, vielmehr beeindruckte mich die Atmosphäre in der Kirche und während des Gottesdienstes. Ich nahm an einer Aufnahmeprüfung für ein Priesterseminar teil. Das Ergebnis fiel gut aus, einzig in der Rechtschreibung zeigte ich Schwächen. Man teilte mir mit, dass ich aufgrund zu vieler Rechtschreibfehler nicht aufgenommen werden könne. Meine Welt brach zusammen. Kommt es doch auf ganz andere, viel wichtigere Dinge an, um ein guter Priester zu werden! Man gab mir die Möglichkeit, eine andere Priesterseminar zu besuchen, doch nun haderte ich mit der Kirche, die ihre Priester nach solchen Kriterien auswählte.

Durch dieses Erlebnis verlor ich jedoch jede Perspektive für mein junges Leben. Was sollte ich werden? Welchen Beruf sollte ich ergreifen? Mir fiel nichts ein, ich war nur unendlich von der Welt enttäuscht. Meine schulischen Leistungen wurden zunehmend schlechter, mein Freundeskreis änderte sich. Ich suchte jetzt Freunde aus, die Rebellen waren, die sich gegen die Gesellschaft auflehnten und teilweise auch Gesetze brachen.

Meine Eltern griffen ein und beeinflussten mich dahingehend, dass ich Informatik studierte, dies sei „die Zukunft – und außerdem ein gutes Einkommen". Ohne eigene Perspektiven zu haben, willigte ich ein, obwohl mich technische Dinge schon als Kind nicht interessiert hatten. Nach dem Studium gründete ich eine Firma für elektronische Sicherheitssysteme, entwickelte Patente, und schnell stellte sich auch finanzieller Erfolg ein.

2.2 *Wendepunkt und Neuorientierung*

Auf dem Höhepunkt meines beruflichen Erfolges wurde ich schwer krank. In einem Nahtoderlebnis lief noch einmal mein ganzes Leben vor mir ab. Mir wurde bewusst, dass ich mich darin wie „im falschen Film" fühlte, dass ich als Kind ganz andere Vorstellungen von meinem Leben gehabt hatte und dass ich tief in meinem Innersten mit dem technischen Beruf todunglücklich war. Mir wurde schlagartig bewusst: Wollte ich gesund und „heil" werden, würde ich meine Lebensausrichtung komplett verändern und zu meinen ursprünglichen Begabungen und Zielen zurückkehren müssen.

Ein Kuraufenthalt in einer ganzheitlichen Privatklinik in Bad Wiessee löste die Wende in meinem Leben vom Beruf zur Berufung aus. Ich setzte mich mit zentralen Fragen auseinander: Was ist Krankheit? Was Gesundheit? Was Glück? Gibt es einen Sinn im Leben? Einen Lebensweg? Ich begann ein psychosomatisches Studium und körpertherapeutische Ausbildungen. In mir stellte sich mehr und mehr das Gefühl ein, zu meinem tatsächlichen Lebensweg zu finden, und dies gab mir Kraft und Zuversicht.

2. Meine persönlichen Erfahrungen

2.3 Mein Weg zum Lern- und Familienberater

Ohne noch konkret zu wissen, wohin der Weg führte, entschied ich mich, beruflich in diese Richtung weiterzugehen. Ich verkaufte meine Firma und löste mich aus allen Verpflichtungen. Dann zog ich nach Kalifornien. An den Universitäten von Berkeley und Santa Barbara belegte ich Kurse in Humanpsychologie und ganzheitlicher Pädagogik. Dies gab mir ein grundsätzliches Verständnis von menschlichen Verhaltensweisen. Das, was ich suchte, konnte ich jedoch an den Mainstream-Universitäten nicht finden. Meine finanzielle Unabhängigkeit gab mir die Möglichkeit, einen eigenen Studien- und Ausbildungsplan zu erstellen. So suchte ich fortan Menschen und Institutionen auf, die sichtbare Resultate in ihrem Bereich erzielten. Kapazitäten aus dem Bereich der Psychologie, Pädagogik, Kommunikations- und Verhaltenstherapie, Neurologen, Gehirnforscher sowie Schulen, an denen Pädagogen in ihren Klassen Besonderes leisteten, aber auch Querdenker und Grenzgänger zwischen verschiedenen Disziplinen.

Für mich ist es grundsätzlich unwichtig, was Menschen sagen oder behaupten zu tun – ich schaue einzig und allein auf ihr beobachtbares Verhalten, was und wie sie es tun und welche Resultate sie erzielen! „An ihren Taten werdet ihr sie erkennen."

Für meine Studien reiste ich in verschiedene Länder der Welt – USA, Japan, Neuseeland, Australien, Indien – und tue dies für meine Weiterbildung noch heute. Ich saß in Therapieräumen, Seminaren und Klassenzimmern. Wohnte und lebte zum Teil mit den Menschen, bei denen ich studierte und Praktika absolvierte. Bei ihnen blieb ich so lange, bis ihre Fähigkeiten auch meine Fähigkeiten wurden, und entwickelte daraus meine pädagogischen und familientherapeutischen Konzepte, die ich auf das deutsche Bildungssystem abstimmte.

2. Meine persönlichen Erfahrungen

Groß war die Herausforderung, mich ohne Titel, jedoch mit viel Wissen, praktischer Erfahrung und nachweisbaren Erfolgen bei Pädagogischen Universitäten, Weiterbildungseinrichtungen, Schulen und einer Reihe weiterer Institutionen vorzustellen und diese dazu zu bewegen, auf meine Leistungen und nicht auf fehlende Titel zu schauen.

Langsam schaffte ich es, hier aufgenommen zu werden. Die erste Bildungsinstitution, die mir eine Chance gab und Seminare von mir anbot, war der Bayerische Lehrer- und Lehrerinnenverband. Die Seminare kamen gut an und weitere Veranstaltungen folgten. Inzwischen vermittle ich in Deutschland und anderen Ländern an Schulen und Institutionen sowie in Einzelsitzungen Kindern und Familien mit großem Erfolg praktische Konzepte für selbstständiges Lernen und zur Förderung der Konzentrationsfähigkeit sowie schnelle Hilfe bei LRS.

3. Das Wirkungsprinzip der NRM

Meine Erfahrung mit mittlerweile einigen Tausend Kindern hat gezeigt, dass jedes Kind, das den Einschulungstest für die Grundschule bestanden hat, fähig ist, die Rechtschreibung des Lernwortschatzes und die Grammatik so zu erlernen, dass es schriftliche Abfragen (Diktate) mit der Note zwei (Leichtsinnsfehler) absolviert. Dies beweisen täglich Kinder, die nach drei bis zehn Einzelsitzungen bei mir ihre Noten im Diktat deutlich und dauerhaft verbessern. Belege für die Effektivität der **NRM** sind in Abschnitt 3.4 dieses Buches zusammengetragen.

Eine ausführliche Referenzliste finden Sie auf meiner Homepage, *www.ipl-nicolay.com.*

3.1 Das Grundprinzip der NRM

3.1.1 „Weißt du, wie du Wörter in deinem Kopf speicherst?"

Diese Frage stelle ich jedem Kind als Erstes, um es darauf einzustimmen, einen bewussten Zugang zu seinen Denkstrategien zu bekommen und diese beim Lesen und Schreiben zu nutzen. Die typische Antwort heißt dann: „Nee, keine Ahnung." Mithilfe eines speziell entwickelten intelligenten Fragenkatalogs lernt das Kind zunächst, über Selbstreflexion bewusst zu erkennen, welche Denkstrategien es beim Lesen und Schreiben nutzt und dass es darauf gezielt Einfluss nehmen kann.

3.1.2 Wie speichern sichere Rechtschreiber Wörter im Kopf?

Hat das Kind seine ganz persönliche Lernstrategie bewusst erkannt, erforscht es, welche Denkstrategie Kinder nutzen, die in Diktaten gute Noten schreiben, und wie sich diese Denkstrategie von der ihren unterscheidet. Hierfür habe ich die Figur Lutz entwickelt (siehe Bild Seite 60) zu sehen sind. Er hat einen Kopf aus Karton. Eines seiner Augen ist die Linse einer Digitalkamera, in einem seiner Ohren steckt ein Aufnahmegerät. Lutz soll ein neues Wort lernen. Dazu halte ich ihm eine Wortkarte hin, auf der das englische Wort „daughter" steht. Das ist gut geeignet, weil man es garantiert nicht so schreibt, wie man es hört. Dann frage ich das Kind: „Was meinst du, womit speichert Lutz das Wort, wenn er es sich merken will, um es fehlerfrei zu schreiben?" Nach einigem Nachdenken kommt fast immer der Aha-Effekt: „Mit der Kamera, da kann er es abfotografieren und in seinem Kopf immer wieder anschauen, wenn er es braucht." Das Kind erkennt ganz von selbst, dass ein sicherer Rechtschreiber das genau auf diese Weise macht und deshalb so erfolgreich ist.

3.1.3 „Das kann ich auch!"

Kinder wollen in der Schule erfolgreich sein. Haben sie das Prinzip verstanden, wie gute Rechtschreiber ihr Denken nutzen, wollen sie es auch selbst ausprobieren und bei Erfolg künftig in dieser Weise anwenden.

Mit dieser Motivation und den erworbenen Erkenntnissen lernt das Kind nun anhand genauer Anweisungen sein Denken ebenso zu nutzen, wie dies Kinder tun, die sicher rechtschreiben und flüssig lesen. Alle neu erlernten Wörter, Grammatik, Regeln, Sinnerfassung und so weiter lernt es ab jetzt in dieser Weise in seinem Kopf zu speichern, um sie dann in schriftlichen Abfragen wie zum Beispiel im Diktat fehlerfrei niederzuschreiben. Und bekannte Wörter lernt es, flüssig zu lesen.

Die Lernwörter und den Unterrichtsstoff der Schriftsprache, den es zuvor erlernt hat und der fehlerhaft gespeichert ist, muss es nochmals komplett überarbeiten, das heißt erneut im Buch anschauen und sich mit der neuen Denkweise bildhaft einprägen.

3. Das Wirkungsprinzip der NRM

Diese Fleißarbeit ist in der Regel nicht Teil der Lernförderung bei mir, sondern das Kind macht sie mit Unterstützung der Eltern oder eines Lernbegleiters zu Hause.

3.1.4 Begleitende Unterstützung

Die Methode ist als spielerische Entdeckungsreise des Lernens konzipiert, und so ist ein speziell entwickeltes Konzept zur Stärkung der Konzentrations- und Entspannungsfähigkeit, des Selbstwertgefühls sowie des Ausgleichs eventueller seelischer, familiärer oder sozialer Nachteile, die sich negativ auf das Erlernen sicherer Rechtschreibung und flüssigen Lesens auswirken, ein weiterer wesentlicher Baustein der Methode. Die neue Lernstrategie kann das Kind leicht für das Lernen nutzen und so in der Schule erfolgreicher und zufriedener werden.

3.1.5 Eltern – Garanten für schnelle Erfolge

Ein Elternteil oder Lernbegleiter ist aktiv in die Einzelsitzungen eingebunden. Er erhält praktische Anleitungen, um die Förderung zu Hause ohne externe Hilfe weiterzuführen und erfolgreich abzuschließen. In der Regel werden drei bis maximal zehn Einzelsitzungen von je anderthalb Stunden bei mir oder einem Therapeuten/Pädagogen, der die **NRM** nutzt, benötigt. Danach können Eltern oder Lernbegleiter die Förderung ohne weitere externe Unterstützung selbstständig weiterführen.

Eine detaillierte Anleitung für die praktische Umsetzung der **NRM** finden Sie im 4. Kapitel.

3. Das Wirkungsprinzip der NRM

3.2 Die Lernstrategien bei sicherer und bei fehlerhafter Rechtschreibung

Die **NRM** basiert auf wissenschaftlichen Erkenntnissen, der Beobachtung und Befragung von Menschen mit sicherer und mit fehlerhafter Rechtschreibung. Wissenschaftliche Untersuchungen von Galanter und Pribram sowie Paivio haben die Existenz von Wortbildern bei Menschen nachgewiesen. Zudem hat Grissmann gezeigt, dass eine visuo-motorische Erinnerung des Wortbildes sicheren Rechtschreibern eine korrekte schriftliche Wiedergabe ermöglicht. Der Lese-/Schreibprozess ist also wesentlich komplexer, als es die Reduktion auf die ausschließlich visuelle Seite zum Ausdruck bringt. Ohne inneres Wortbild ist eine sichere Rechtschreibung auszuschließen.

Die Bedeutung innerer Wortbilder ist, außer für die Rechtschreibung, auch für das flüssige und fehlerfreie Lesen bekannter Wörter (Lernwortschatz) wichtig.

Der phonetische Aspekt ist für das Erlernen unbekannter Wörter, sprich für Wörter, die nur gehört, jedoch nicht als Wortbild gesehen werden, zweifelsfrei wichtig. Vielen Verfechtern von phonetisch orientierten Rechtschreibmethoden scheint aber nicht klar zu sein, dass es bis jetzt keine gesicherte Lern- beziehungsweise Unterrichtsmethode gibt, um Wörter, die nur gehört werden und zudem nicht lauttreu sind, fehlerfrei zu schreiben!

Bereits Robert Dilts hat durch die gründliche Beobachtung und Befragung von Menschen mit sicherer beziehungsweise fehlerhafter Rechtschreibung deren Lern- und Denkstrategien erforscht. Aus diesen Erkenntnissen hat er ein praktisches Anwendungskonzept entwickelt, das Menschen mit fehlerhafter Rechtschreibung vermittelt, wie sie ihre Rechtschreibung verbessern können, indem sie, vereinfacht dargestellt, die Denkstrategien sicherer Rechtschreiber erlernen und nutzen.

3. Das Wirkungsprinzip der NRM

Michael Grinder, der zwanzig Jahre lang an allen Schultypen in den USA unterrichtete, hat ein Konzept zur Lernstilerkennung in Schulklassen entwickelt, das ein wesentlicher Bestandteil für das sichere Erlernen von Lesen und Schreiben für Kinder mit einem LRS-Risiko ist. Im Rahmen meiner pädagogischen und therapeutischen Ausbildungen in den USA studierte ich diese beiden Konzepte. In etwas abgewandelter Form kombinierte ich sie dann mit anderen ganzheitlichen Methoden und setzte sie in meiner Unterrichtstätigkeit und für Einzelförderungen ein. Von den schnellen Erfolgen war ich selbst überrascht. Ich gab dieser Methode den Namen **Nicolay-Rechtschreib-Methode®** (**NRM**).

Nach meiner Rückkehr nach Deutschland 1996 passte ich die **NRM** erfolgreich an das deutsche Therapie- und Unterrichtssystem an und biete seitdem betroffenen Kindern schnelle und nachhaltige Hilfe. Lehrkräfte und Therapeuten erlangen in Weiterbildungsseminaren die Kompetenz, die **NRM** in ihrem Tätigkeitsfeld erfolgreich anzuwenden.

Aufgrund wissenschaftlicher Erkenntnisse, die nachwiesen, dass sichere Rechtschreiber primär visuelle Lernstrategien nutzen, wurde bereits in den frühen 80er-Jahren die Ganzwortmethode entwickelt und an Grundschulen in Deutschland eingeführt. Die erfolgreiche Umsetzung scheiterte jedoch, vermutlich an der unsachgemäßen Anwendung, was wohl an der unzureichenden Aus- und Weiterbildung der Lehrkräfte lag. So kehrte man wieder zur phonetischen Schriftsprachvermittlung zurück, obwohl diese zuvor als ungeeignet erkannt worden war. Seitdem steigt die Anzahl rechtschreibschwacher Kinder und Jugendlicher nachweislich dramatisch an.

3. Das Wirkungsprinzip der NRM

3.2.1 Der Lernstil bei sicherer Rechtschreibung

Nach allen bisherigen Untersuchungen nutzen Menschen mit einer sicheren Rechtschreibung eine weitgehend einheitliche Denkstrategie, die bezeichnenderweise auch bei Menschen mit einem hohen Intelligenzquotienten (IQ) vorhanden ist, und zwar die Art von IQ, die für den Erfolg in schriftlichen Leistungen in unserem Schulsystem wichtig ist.

So weist eine wissenschaftliche Untersuchung von Nils Galley nach, dass Menschen mit einem hohen IQ Gesehenes besonders schnell fixieren und speichern. Je schneller ein Mensch Gesehenes fixiert und speichert, desto höher ist sein Intelligenzquotient.

Dass es Kinder gibt, die einen hohen IQ und trotzdem Rechtschreibprobleme haben, ist bekannt. Eine wesentliche Ursache hierfür liegt nach meinen Erkenntnissen darin, dass an vielen Grundschulen primär die phonetische Rechtschreibvermittlung angewendet wird. Kinder mit einem angeborenen primär visuellen Lernstil beginnen aufgrund der phonetischen Unterrichtsmethoden, die visuelle Speicherung von Wortbildern aufzugeben, und schreiben bald Wörter nur noch so, wie sie sich diese vorsagen. So werden sie zu Schülern mit einer Lese-Rechtschreib-Schwäche.

In den ersten Tagen nach der Einschulung ist das meistens noch nicht der Fall. Da gucken sich die Kinder mit einem primär visuellen Lernstil Wörter noch ganz genau an. Dort, wo im Unterricht aber beim Lesen und Schreiben sehr viel mit den Lauten gearbeitet wird, geben sie diese richtige Strategie zugunsten einer ungeeigneten phonetischen auf. In jeder Klasse gibt es allerdings Kinder, die sich von der phonetischen Schriftsprachvermittlung nicht ablenken lassen. Die haben dann schnell bei der Rechtschreibung die Nase vorn und dies meist auf Dauer.

3. Das Wirkungsprinzip der NRM

LRS-Kinder, die zu mir in die Einzelsitzungen kommen und bei denen sich schnell herausstellt, dass sie einen ausgeprägten visuellen Lernstil haben, den sie sich jedoch durch die phonetische Unterrichtsmethode abtrainiert haben, lernen mit der **NRM** besonders schnell, sichere Rechtschreiber zu werden.

Diese Kinder benötigen in der Regel nur maximal drei Einzelsitzungen, um bereits im nächsten Diktat gute bis sehr gute Noten zu schreiben. Eltern, die auf meiner Referenzliste bestätigen, dass ihr Kind nur an einer einzigen Einzelsitzung teilgenommen hat und im nächsten Diktat bereits eine Eins schrieb, sind Kinder mit einem angeborenen primär visuellen Lernstil.

Das fehlerfreie Lesen und Schreiben bekannter Wörter
Eine pädagogisch korrekte Schriftsprachvermittlung bedingt, dass dem Kind das geschriebene Wort im Buch oder an der Tafel gezeigt und zugleich vorgesprochen wird (bildhafte und phonetische Vermittlung). Eine ausschließlich phonetische Vermittlung, ohne das Wortbild zu zeigen, kann vom Kind nicht zur sicheren Rechtschreibung umgesetzt werden, zumal in der deutschen Sprache mehr als die Hälfte aller Wörter nicht lauttreu ist (vgl. Meier: Deutsche Sprachstatistik). Im Englischen (vgl. Gough/Juel/Griffith: Reading, Spelling, and the Orthographic Cipher) und Französischen ist der Anteil noch wesentlich höher.

3. Das Wirkungsprinzip der NRM

Der Lernprozess des sicheren Rechtschreibers

Lernprozess Sehen[1]

Menschen mit sicherer Rechtschreibung speichern Wörter, die sie sehen, als Wortbilder im Kopf: wie auf einem inneren Bildschirm.

Menschen mit sicherer Rechtschreibung wandeln das gesehene Wortbild (aus mehreren Graphemen = Buchstaben) in ihrem Denkprozess in ein inneres Wortbild um. Man kann von einem visuellen Lexikon von Wortbildern, Regeln und Inhalten sprechen.

---

[1] Die Darstellung der beteiligten Hirnregionen dient hier der Anschaulichkeit. Tatsächlich befinden sie sich nicht an diesen Stellen. Dies gilt für alle folgenden Schaubilder.

3. Das Wirkungsprinzip der NRM

Das gehörte Wort

Gehörte Wörter werden wie auf einer inneren Kassette gespeichert.

Der gehörte Wortlaut (aus mehreren Phonemen = Lauten) wird auditiv gespeichert, wie eine Tonaufnahme auf einer Kassette.

- Dem Wortbild wird zudem ein spezifisches Körperempfinden zugeordnet, das mit den Schreibbewegungen einhergeht.

3. Das Wirkungsprinzip der NRM

Der Schreibprozess des sicheren Rechtschreibers

Der Schreibvorgang sicherer Rechtschreiber

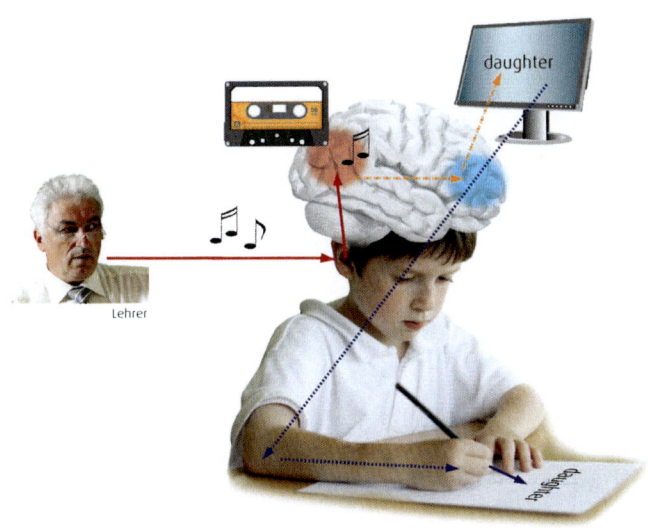

Dem diktierten Wort wird das zugehörige Wortbild im Kopf beigestellt.
Das Wortbild wird korrekt niedergeschrieben.

Bei der phonetischen Abfrage, zum Beispiel im Diktat, verbindet der sichere Rechtschreiber mit dem diktierten Wort das zugehörige Wortbild in seinem Kopf. Eine spezifische Körperempfindung überprüft das Wortbild. Löst das Bild ein Gefühl der Vertrautheit aus, wird das Wort zügig und korrekt geschrieben.

Erfolgt die Abfrage rein visuell, etwa durch einen Lückentest, in dem fehlende Wörter schriftlich einzufügen sind, oder einen Text, der von einer Sprache in eine andere übersetzt werden soll, dann nutzt der sichere Rechtschreiber seine visuelle Denkstrategie, um

3. Das Wirkungsprinzip der NRM

das Gefragte zu verschriftlichen. Auditive Denkstrategien werden für den Schreibprozess von ihm nicht genutzt.

Ganzwortmethode oder Buchstabiermethode
Eine englische Studie von Melow und Oxford hat die Nutzung einer visuellen Denkstrategie, sprich Ganzworterkennung, für ein schnelles Lesen und Schreiben bekannter Wörter in einem sehr einfachen und einsichtigen Versuch nachgewiesen.

Bitte versuchen Sie, den nachfolgenden Text zu lesen, und beobachten Sie dabei, wie sie sich die einzelnen Wörter und den Text erschließen:

> Gmäeß eneir Sutide eneir elgnihcesn Uvinisterät, ist es nchit witihcg in wlecehr Rneflogheie die Bstachuebn in eneim Wort snid, das Ezniige, was wcthiig ist, ist, dass der estre und der leztte Bstabchue an der ritihcegn Seltle snid. Der Rset knan ein ttoaelr Bsinöldn sein, tedztorm knan man ihn onhe Pemoblre lseen. Das ist so, weil wir nicht jeedn Bstachuebn enzeln leesn, snderon das Wort als gnaezs.

Sie werden wahrscheinlich schnell festgestellt haben, dass sie trotz der Vertauschung der meisten Buchstaben fähig waren, den Text zu lesen, indem sie das Wort ganz erfasst haben und Ihnen Ihr Denken das dazugehörige Wort eingespielt hat. Versuchen sie jetzt einmal alternativ, sich diesen Text phonetisch zu erschließen, indem sie, mit dem ersten Buchstaben beginnend, Buchstaben für Buchstaben oder silbenweise lesen. Dies ist nicht möglich. Kein Mensch liest Wörter so, es sei denn, ihm wird in der Grundschule beigebracht, die Ganzworterfassung von bekannten Wörtern aufzugeben und sich jedes bekannte Wort wieder von Neuem Buchstaben für Buchstaben oder silbenweise zu erlesen.

Diese einfache und eingängige Darstellung weist nach, dass Menschen ein bekanntes Wort als ganzes Wort erkennen und lesen.

Dem erkannten Wortbild wird dann der dazugehörige Wortklang, soweit dieser bekannt ist, beigefügt. Er kann dann auch zügig und fehlerfrei ausgesprochen werden.

3.2.2 Die Lernstrategie bei fehlerhafter Rechtschreibung

Untersuchungen von Menschen mit fehlerhafter Rechtschreibung haben ergeben, dass diese eine Vielzahl unterschiedlicher Strategien nutzen. Zwei Kriterien sind nach allen Untersuchungen primär vorhanden:

Ein inneres Wortbild ist so gut wie nicht vorhanden oder wird nicht oder nur bruchstückhaft genutzt. Schwache Rechtschreiber versuchen primär, phonetisch , das heißt so, wie sie sich das Wort innerlich vorsagen, zu schreiben.

Der Lernprozess
LRS-Kinder speichern das gesehene Wortbild nicht oder nur bruchstückhaft als ein inneres Wortbild in ihrem visuellen Lexikon ab. Stattdessen wandeln sie es primär in einen Wortklang um und speichern diesen als Tonaufzeichnung auf ihrer Kassette im Kopf. Sie sprechen sich das, was sie an der Tafel sehen, in ihrem Kopf leise vor. Dafür versuchen sie, diesen Wortklang dem Wortbild so ähnlich wie möglich zu gestalten, um ihn später für die Verschriftlichung zu nutzen. Dieser Wortklang ist daher nicht die Lautstruktur des Wortes, also nicht das Wort, wie es korrekt ausgesprochen wird. Bei Wörtern die nicht lauttreu geschrieben werden, ist das besonders gravierend. Die Kinder erstellen dann aus dem gesehenen Wortbild eine Lautfolge, die einzig für deren Verschriftlichung gespeichert wird. Die korrekte Aussprache des Wortes, der Wortlaut, wird zusätzlich gespeichert (Tonaufzeichnung der Lautstruktur).

3. Das Wirkungsprinzip der NRM

Der Leseprozess fehlerhafter Rechtschreiber

Gesehene Wörter werden nicht als Wortbild gespeichert, sondern sich innerlich leise vorgesagt – wie auf einer inneren Kassette.

Ein Beispiel zur Verdeutlichung

In den Einzelsitzungen zeige ich dem Kind das englische Wort „daughter" und bitte es, sich dieses genau anzuschauen und einzuprägen, um es danach aus der Erinnerung wieder hinzuschreiben. Das gezeigte Wort wird dabei von mir nicht ausgesprochen, sondern ist für das Kind nur über die Augen wahrnehmbar.

Es fällt auf, dass fast alle phonetisch orientierten Kinder sofort zusammen mit dem Anschauen anfangen, sich das Wort laut oder leise vorzusagen, obwohl ihnen nur das Wortbild vorliegt und ihnen das Wort nicht vorgesprochen wird.

LRS-Kinder versuchen, sich das Wort phonetisch zu erschließen, indem sie es sich immer wieder leise im Kopf vorsagen. Daraus wird dann zum Beispiel der Wortklang „daug" – „h" – „ter" entwickelt, manche Kinder sagen sich auch die einzelnen Buchstaben immer wieder vor, um sich so die Schreibweise zu merken.

Einige Kinder mit sicherer Rechtschreibung sprechen sich das gesehene Wort ebenfalls leise innerlich vor, was bei ihnen jedoch den Hintergrund hat, dass sie wissen wollen, wie das Wort eventuell ausgesprochen wird. Für die Verschriftlichung speichern und nutzen sie das innere Wortbild.

Abfragen und verschriftlichen
Wenn LRS-Kindern nun das Wort diktiert wird, finden sie zu ihm im visuellen „Lexikon" in ihrem Kopf kein klares Wortbild oder nur unvollständige Wortbildelemente. Für die Verschriftlichung nutzen sie daher den dafür speziell angelegten Wortklang, im oben genannten Beispiel etwa: „daug" – „h" – „ter". Dieser wird innerlich immer wieder leise vorgesagt, wobei jedem Laut ein vermeintlicher Buchstabe/ein vermeintliches Graphem zugeordnet wird. Die so gefundene Laut- beziehungsweise Buchstabenfolge schreibt das Kind dann hin, wobei beispielsweise „dogder" herauskommen kann. Diese Methode ist verständlicherweise mühsam und langsam und führt nicht zum Erfolg. Anhand des Wortklangs sind die notwendigen Grapheme nicht zu ermitteln. Was nicht hörbar ist, kann auch nicht verschriftlicht werden. Das Gehirn übersetzt die gehörten Phone in Phoneme, die es dann wieder umwandelt in Grapheme. Nicht Gehörtes wird nicht übertragen und auch nicht verschriftlicht.

Das Gefühl, dass das niedergeschriebene Wortbild überprüft, gibt meist ein gefühlsmäßiges Warnsignal bei einer fehlerhaften Schriftumsetzung, das heißt, unsichere Rechtschreiber fühlen meist, wenn sie Wörter falsch geschrieben haben. Da ihnen jedoch

3. Das Wirkungsprinzip der NRM

Der Schreibvorgang fehlerhafter Rechtschreiber

LRS-Kinder haben keine klaren Wortbilder der gesehenen Wörter gespeichert. Sie schreiben Wörter so, wie sie sich diese innerlich vorsprechen.

bewusst kein korrektes Wortbild zur Verfügung steht, kann es weder bei der Verschriftlichung noch zur Korrektur genutzt werden.

Nur gehörte, aber nie gesehene Wörter fehlerfrei schreiben
Bei Wörtern, die diktiert werden, deren Schriftbild jedoch nie zuvor gesehen wurde, verändern sichere Rechtschreiber ihre Strategie. In diesen Fällen versuchen sie unter Verwendung auditiver Strategien, die korrekte Rechtschreibung des Wortes herauszufinden. Sie nutzen ihre Kenntnisse, wie Buchstabe-Klang-Entsprechungen, die Silben symbolisieren, und andere bekannte phonetische Regeln.

3. Das Wirkungsprinzip der NRM

Nicht lauttreue Wörter fehlerfrei schreiben
Wörter, die nur auditiv und nicht visuell vermittelt werden und zudem nicht lauttreu sind, können auch mit der **NRM** nicht fehlerfrei gelernt werden. Vereinfacht ausgedrückt: Alle Wörter, die nur gehört werden, deren Schriftbild jedoch unbekannt ist, wenn das Kind also das Wort so, wie es geschrieben wird, nie gesehen hat und das Wort zudem noch anders ausgesprochen wird, als es geschrieben wird (zum Beispiel „Vogel", „daughter"), können nicht richtig geschrieben werden.

Mir ist auch kein anderes Lern- oder Unterrichtskonzept bekannt, das dafür geeignet wäre. Auch die Methode des „Lesens durch Schreiben" nach Dr. Jürgen Reichen scheitert hier. Die Kinder lernen nach Reich, wie gesprochene Sprache aufgeschrieben wird. Die Wörter werden per Lautkette zerlegt und danach Laut für Laut nach einer „Anlauttabelle" aufgeschrieben. Das Wort „Baum" beispielsweise wird mündlich in die Lautfolge „B-au-m" zerlegt und dann Laut für Laut aufgeschrieben. Nicht lauttreue Wörter können nach dieser Methode logischerweise nicht für eine fehlerfreie Rechtschreibung vermittelt werden.

3. Das Wirkungsprinzip der NRM

3.3 Lernen lernen – die Vermittlung der erfolgreichen Lernstrategie

Die Denkstrategien sicherer Rechtschreiber nutzen

LRS-Kinder besitzen die gleichen Denkstrategien wie sichere Rechtschreiber und lernen, diese ebenso erfolgreich zu nutzen.

Hat das Kind seinen individuellen Lernstil und den des sicheren Rechtschreibers erkannt, dann kann es seine Art zu lernen erweitern und sein Gehirn ebenso erfolgreich nutzen, wie es der sichere Rechtschreiber tut.

An vielen Schulen, insbesondere den Grundschulen, fehlt das Unterrichtsfach „Lernstilerkennung und Lernen-Lernen", das Kinder

3. Das Wirkungsprinzip der NRM

dabei unterstützt, sich ihrer Denkprozesse beim Lernen bewusst zu werden und effektive Lernstrategien erfolgreich zu nutzen.

Nur wenn das Kind sich seiner inneren Lernprozesse voll bewusst ist und diese bewusst einsetzen und steuern kann, ist sein Schulerfolg garantiert.

Entscheidend dafür ist, dass das Kind seinen Lernstil selbst erkennt! Standardisierte Abfragetests sind hierfür ungeeignet. Erfolg bringen intelligente Fragestellungen, die beim Kind Selbstreflexion und einen Aha-Effekt bewirken, durch den es seinen Lernstil innerlich bewusst wahrnimmt.

Hier setzt die **NRM** an. Die Kinder erforschen über intelligente Fragestellungen spielerisch, welche Denkstrategien sie für den Schriftspracherwerb in Deutsch und Fremdsprachen, in Mathematik und anderen Unterrichtsfächern nutzen. Zudem überlegen sie, welche Denkstrategien Kinder nutzen, die dies leicht und sicher beherrschen. Sie werden sich bewusst, dass auch sie diese Strategien besitzen, und lernen, sie ebenso erfolgreich zu nutzen.

Bei der **NRM** wird nichts „aberzogen" oder „umgelernt", sondern die Kinder lernen spielerisch, zusätzliche Fähigkeiten ihres Denkens zu erkennen und anzuwenden.

Der korrekte Schriftspracherwerb, also das Erlernen von Wörtern und Grammatik, ist gewissermaßen die Grundstufe der **NRM**. Sie beginnt damit, die visuelle Wahrnehmung eines einzelnen Wortes zu trainieren. Im nächsten Schritt übt das Kind, mehrere Wörter gleichzeitig zu sehen und zu speichern. Danach lernt es, auch grammatikalische Regeln bildhaft wahrzunehmen und zu speichern.

Letztlich geht es bei der **NRM** um viel mehr als nur um den Schriftspracherwerb. Kinder eignen sich einen neuen Lernstil –

3. Das Wirkungsprinzip der NRM

das bildhafte Lernen – an, der auch für die Mathematik und alle anderen Fächer, wo es auf gute schriftliche Noten ankommt, hilfreich ist.

Darüber hinaus ist die Förderung der Konzentrationsfähigkeit und des Selbstwertgefühls ein fester Bestandteil dieser ganzheitlichen Methode.

Die Phonetik der Sprache
An dieser Stelle möchte ich noch einmal ausdrücklich darauf hinweisen, dass die phonetischen Unterrichtskonzepte eine große Bedeutung für das Erlernen einer Sprache haben. So haben Buchstabe-Klang-Entsprechungen, die Silben symbolisieren, für das Sprechen eine wichtige Bedeutung. Ebenso sind Kenntnisse über die „Binnenstruktur" eines komplexeren Wortes essenziell. Hierzu gehört Wissen über Vorsilbe, Stammsilbe, Endsilbe, morphem-symbolisierende Rechtschreibmuster (Grapheme) und über häufige Buchstabenfolgen. Diese Kenntnisse werden erfahrungsgemäß in den Schulen ausführlich genutzt und sind Schwerpunkte der Lehreraus- und -weiterbildung.

3.4 Die Vorzüge der NRM

3.4.1 Schnelle Therapieerfolge

Das **NRM-Konzept** für LRS-Therapeuten befähigt Kinder mit einer LRS, nach in der Regel zehn Einzelsitzungen gute Noten im Lesen und Schreiben zu erzielen (siehe hierzu auch die Referenzliste von Eltern unter 3.5). Wesentlicher Garant für diese schnellen Erfolge ist die aktive Einbindung eines Elternteils oder Lernbegleiters in die Einzelsitzungen. Sie erhalten praktische Anleitungen, um die Förderung zu Hause ohne externe Hilfe weiterzuführen und erfolgreich abschließen. Sie unterstützen das Kind bei den Hausaufgaben und im Unterricht konsequent, den neuen Lernstil anzuwenden, bis dieser sich verselbstständigt hat.

Alle Lernwörter/Vokabeln, grammatikalischen Regeln und so weiter, die vorher in der Schule vermittelt worden sind und die das Kind fehlerhaft gespeichert hat, müssen noch einmal überarbeitet werden! Diese Fleißarbeit ist in der Regel nicht Teil der Einzelförderung. Das Kind lernt dies zu Hause mit Unterstützung der Eltern oder des Lernbegleiters. Therapeuten, die dies in ihre Einzelsitzungen mit dem Kind einarbeiten, benötigen entsprechend weitere Einzelsitzungen.

3.4.2 In jede Therapieform integrierbar

Das praktische Anwendungskonzept ist in jede Therapieform leicht integrierbar. Auch Kinder, die sich in langwierigen Therapien befinden und teilweise als unheilbar gelten, lernen sicher lesen und schreiben. Psychische Nachteile, die dem eventuell im Wege stehen, werden ausgeglichen. Zum Vergleich: Fast alle anderen Therapiemethoden benötigen 20 bis teilweise 80 Stunden.

3. Das Wirkungsprinzip der NRM

Mein Ziel ist nicht die Errichtung einer weiteren privaten Lerninstitution, sondern die **NRM** allen interessierten Therapeuten zur Integration in ihre Konzepte zur Verfügung zu stellen.

3.4.3 Hilfe zur Selbsthilfe

Die Eltern sind aktiv eingebunden und erhalten praktische Anleitungen, um die Förderung selbstständig und ohne externe Hilfe zu Hause weiterzuführen und erfolgreich abzuschließen. Dazu brauchen sie keinen besonderen Bildungshintergrund. Sie brauchen nicht einmal selbst gute Rechtschreiber zu sein. Meine Erfahrungen mit Tausenden Vätern und Müttern der unterschiedlichsten Berufsgruppen haben gezeigt, dass auch Menschen mit einfacher Schulbildung die Methode schnell und effektiv mit ihren Kindern anwenden können. Die Schriftsprach- und Lesekompetenzvermittlung sowie die Fehlerkorrektur bleiben weiterhin Aufgabe der Lehrkräfte, nicht der Eltern.

3.4.4 Reduktion und Vorbeugung von LRS an Schulen

Das **NRM-Unterrichtskonzept** zur Schriftsprachvermittlung in Deutsch und Fremdsprachen ab der ersten Grundschulklasse sachgemäß in die Unterrichtsmethoden integriert, befähigt alle Kinder von Anfang an zur sicheren Rechtschreibung und fehlerfreiem Lesen. Zusätzliche Förder- oder Therapiestunden werden dann meist überflüssig, und der Entstehung von LRS wird so wirkungsvoll vorgebeugt.

3. Das Wirkungsprinzip der NRM

3.5 Nachweis der Erfolge

In meiner Praxis habe ich in den vergangenen 15 Jahren Tausende Kinder mit Lese-Rechtschreib-Schwäche; mithilfe der **NRM** zur sicheren Rechtschreibung und zu flüssigem und fehlerfreiem Lesen in Deutsch und Fremdsprachen geführt. Von den Zuschriften, die ich danach von vielen betroffenen Familien erhalten habe, möchte ich hier eine kleine Auswahl wiedergeben.

„Ihre Methode ist zielgerichtet und effektiv. Bereits nach zwei Sitzungen wurden erste Erfolge sichtbar. Ihre Vermittlungsweise ist leicht verständlich und gut in den häuslichen Ablauf zu integrieren."
Frau Jathe-Brüß, Gröbenzell

„Mein Sohn hat eine Therapie beim Arbeitskreis für Legasthenie Bayern e. V. besucht. Ich hatte das Gefühl, dass ihm dort vermittelt wird zu akzeptieren, niemals richtig schreiben zu können. Nach nur zwei Stunden bei Ihnen haben sich die Rechtschreibfehler meines Sohnes um etwa die Hälfte reduziert."
E. Matejka, Weiden

„Meiner Tochter und mir haben die Beratungen mit Ihnen sehr gute Impulse gegeben! Unsere Tochter organisiert sich ihre Nachmittage mit den verschiedenen Elementen Hausaufgaben, Hobbys nun selbstständig und kompetent. Mir als Mutter ist es gelungen, hier auch loszulassen und meiner Tochter die Verantwortung für diese Belange zu übertragen. Mit sehr gutem Ergebnis sowohl bei schulischen Leistungen wie auch bei unserem Kommunikationsstil!"
Familie M. Feller, München

3. Das Wirkungsprinzip der NRM

„Unsere Tochter hatte eine attestierte isolierte LRS. Wir haben an zwei Sitzungen teilgenommen. Der Übertritt ins Gymnasium ist geschafft, und dort schreibt sie in Fremdsprachendiktaten nur gute Noten. Ich habe Herrn Nicolay mehrfach weiterempfohlen, und von allen Seiten gab es nur positive Bilanz."

Familie Schmidt, München

„Es gibt gute Nachrichten, und ich denke, Sie werden sich fast genauso freuen wie wir. Unsere Tochter hat gestern im Diktat eine Eins bekommen. Jede Verbesserung an sich wäre schon ein Erfolg gewesen, aber gleich eine Eins! – Super!"

Familie K. Siewert, München

„Unser Sohn hatte extreme Schwierigkeiten beim Lesen, dies hat ihn sehr frustriert. Nachdem wir als Familie sechs Stunden bei Ihnen waren, ist er im Lesen sicher und flüssig. Sein Schriftbild und die Rechtschreibung hat sich verbessert, er kann sich besser konzentrieren."

Familie Dr. med. T. Schilling, München

„Sie haben sehr kindgerecht, und das war Janosch wichtig, Ihr Konzept erläutert. Die Verbesserung um zwei Notenstufen bestärkt ihn, und er versucht es nun im gesamten Unterricht umzusetzen."

Familie Rheinganz, Koblenz

3. Das Wirkungsprinzip der NRM

„Unserem Sohn wurde eine leichte Rechtschreibschwäche attestiert. Trotz Übens zu Hause und Nachhilfe hatte sich nichts gebessert. Nach drei Sitzungen bei Ihnen hat sich die Fehlerzahl erheblich verringert. Auch in Englisch geht's bestens. Aus Verunsicherung und Verzweiflung wurde Motivation und Zuversicht."

Familie Meise, München

„Der Notenschnitt der Klasse 4a hat sich in der Rechtschreibung schon nach zwei Seminareinheiten mit Herrn Nicolay verbessert, mit steigender Tendenz."

Grundschule Garching

Eine umfangreiche Referenzliste finden Sie auf meiner Homepage *www.ipl-nicolay.com*

4. Die praktische Umsetzung der NRM

Dieses Kapitel richtet sich teilweise direkt an die Kinder, die an ihrer Rechtschreibkompetenz arbeiten möchten. Das Kind kann sich die nachfolgenden Anweisungen selbst durchlesen und erarbeiten. Sinnvoller ist es aber, Sie lesen dieses Kapitel gemeinsam mit ihm durch und unterstützen es aktiv beim Lernprozess. Besprechen Sie die aufkommenden Fragen und finden Sie Antworten, die ihm helfen, die Übungen praktisch umzusetzen. Die Entspannungs- und Konzentrationsübungen können von ihm leichter verinnerlicht werden, wenn Sie diese zunächst gemeinsam mit ihm machen. Am sinnvollsten ist, wenn es die Entspannungsübungen zuerst lernt und dann jedes Mal anwendet, bevor es sich die Methode aneignet.

Kinder, die bereits über einen visuellen Lernstil verfügen, diesen jedoch aus Unwissenheit nicht für die Rechtschreibung nutzen, werden anhand der hier beschriebenen praktischen Anwendungen Erfolge erzielen können.

Kindern, die in erster Linie einen anderen Lernstil als den visuellen nutzen, wird die Anwendung der hier gegebenen Anweisungen möglicherweise alleine nicht genügen. In diesem Fall sollten Sie sich mit einem Pädagogen, Therapeuten oder Lernbegleiter, welcher die **NRM** beherrscht, in Verbindung setzen.

4.1. Den eigenen Lernstil erkennen

In diesem Kapitel lernst du Schritt für Schritt, Wörter, Grammatik, Regeln und anderen Lernstoff in deinem Kopf so zu speichern, dass du sie jederzeit fehlerfrei abrufen und aufschreiben kannst.

Hier folgen gezielte Fragen, die dir helfen, selbst zu erkennen, wie du Wörter und Lernstoff in deinem Kopf speicherst. Nimm dir Zeit für

4. Die praktische Umsetzung der NRM

das Lesen. Wenn du etwas nicht verstehst, lies es noch einmal. Wenn du dann immer noch Fragen hast, wende dich an deine Eltern oder deinen Lernbegleiter. Findest du auch dort keine befriedigenden Antworten, um die beschriebenen Anweisung erfolgreich umzusetzen, steht dir unser pädagogisches Beratungsteam gerne mit Rat und Tat zur Verfügung.

Sende deine Fragen an **tipps@ipl-nicolay.com** und wir antworten dir umgehend.

Beginne jetzt, mithilfe der folgenden Fragen spielerisch zu entdecken, wie du dein Gehirn beim Lernen nutzt: Wie speicherst du Wörter, die du im Buch oder an der Tafel siehst, in deinem Kopf? Wie machen das in deiner Klasse die Kinder, die gute Noten schreiben und wenig oder gar keine Fehler machen, in ihrem Kopf?

Kennst du Kinder in deiner Klasse, die meist gute Noten im Diktat oder Vokabeltest schreiben? In der Grammatik gut sind? Flüssig und fehlerfrei lesen? Wie machen die das in ihrem Kopf? Was machen sie anders als du in deinem Kopf?

Kannst du deinen Kopf und dein Denken genau so nutzen und ebenso erfolgreich sein? Auf diese Fragen findest du hier Antworten. Du kannst jetzt hier lernen, dein Gehirn und dein Denken genauso zu nutzen, wie die Kinder, die sicher rechtschreiben und flüssig und fehlerfrei lesen!

Alle Menschen haben das gleiche Gehirn. Um sicher schreiben und flüssig und fehlerfrei lesen zu lernen, ist es notwendig, dass du zuerst erkennst, wie du dein Denken beim Lernen nutzt, wie du Wörter in deinem Kopf speicherst. Und dass du dann erkennst, wie das die Menschen mit sicherer Rechtschreibung machen, und zu bemerken beginnst, dass du das in deinem Kopf ebenso tun kannst.

Das erscheint vielleicht etwas kompliziert, ist jedoch recht einfach, wenn du dieses Kapitel Stück für Stück durcharbeitest, in deinem

4. Die praktische Umsetzung der NRM

Tempo. Wenn du die Antworten auf die Fragen findest und die Übungen ausführst, dann erkennst du im ersten Schritt, wie du dein Denken nutzt. Und dann im zweiten Schritt, wie es diejenigen in deiner Klasse tun, die gute Noten schreiben. Und schließlich im dritten Schritt, wie du dein Denken genauso erfolgreich nutzen kannst. Wichtig ist, dass du dir dafür die Zeit nimmst, die du brauchst. Mach nur weiter, wenn du etwas ganz verstanden hast und es umsetzen kannst! Denn es baut alles aufeinander auf.

Es ist wie beim Hausbau. Erst benötigen wir ein stabiles Fundament: deine Bereitschaft. Und dann beginnen wir, einen Stein auf den anderen zu setzen. Erst wenn ein Stein sitzt (du das, was du gelesen hast, verstehst), setzen wir den nächsten Stein (gehen wir einen Schritt weiter). Wackelt ein Stein, hast du etwas nicht verstanden, und wir machen trotzdem weiter und setzen den nächsten Stein oben drauf, fahren also fort mit der Methode, stürzt unser Haus ein, dann musst du nochmals von vorn beginnen, um sicher rechtschreiben und flüssig lesen zu lernen.

Als Erstes ist jetzt wichtig, dass du herausfindest, wie du Wörter in deinem Kopf speicherst, um dies dann mit den Kindern zu vergleichen, die das leicht und sicher können.

Dies kannst du jetzt hier herausfinden. Lies als Erstes das Unterkapitel 4.4 Vorstellungshilfen, in dem der Bildschirm im Kopf (Seite 78) und die innere Kassette sowie der Kobrablick beschrieben werden.

Dann such dir jetzt in deinem Schulbuch ein Wort, das du noch nicht kennst, das du noch nie gesehen hast und von dem du nicht weißt, wie es heißt. Es kann ruhig ein englisches oder französisches Wort sein, das spielt jetzt keine Rolle. Wichtig ist, dass du es noch nie vorher gesehen hast. Das Wort sollte nicht lauttreu sein, das heißt, dass es anders geschrieben als gesprochen wird.

Schreiben Sie, liebe Eltern/lieber Lernbegleiter, das Wort auf eine Karte oder einen kleinen Zettel.

4. Die praktische Umsetzung der NRM

Stell dir vor, du bist in der Schule und dies ist ein neues Wort, das du jetzt im Schulbuch siehst; es könnte auch an der Tafel geschrieben stehen. Nun willst du es dir einprägen, um es später wieder so zu schreiben, wie es dort geschrieben steht. Ganz gleich, wie es heißt, ganz gleich, aus welcher Sprache es ist, einfach nur so wieder schreiben, wie du es gesehen hast.

Also schau es jetzt an und beobachte, was du in deinem Kopf machst, um es dir einzuprägen, damit du es später wieder schreiben kannst. Beobachte dich genau: Was machst du jetzt in deinem Kopf? Speicherst du es, als würdest du es abfotografieren und wie ein Wortbild speichern? Oder sagst du dir das Wort, das du vor dir siehst, leise vor? Versuchst du, es in deinem Kopf zu lesen, und sprichst dabei leise mit dir? Speicherst du es, indem du es dir immer wieder leise im Kopf vorsagst und es dir so merkst?

Nimm dir Zeit, das herauszufinden. Das hast du wahrscheinlich noch nie gemacht, dass du beobachtest, wie du dein Denken nutzt. Wie du Wörter, die du siehst, in deinem Kopf speicherst. Auch wenn es in der Schule um Noten geht. Denk daran, es ist ein Spiel, und es gibt jetzt keine Noten dafür, ob du dir das Wort fehlerfrei oder nicht fehlerfrei merken kannst. Das ist jetzt total unwichtig. Wichtig, sehr wichtig ist, dass du für dich herausfindest, wie du es in deinem Kopf speicherst! Ich wiederhole noch mal die beiden Möglichkeiten: Sagst du es dir immer wieder vor und speicherst es so, wie du es dir in deinem Kopf immer wieder leise vorsagst? Oder stellst du es dir in deinem Kopf vor, indem du es dort so siehst, wie es im Schulbuch steht? Benutzt du von beidem etwas?

Nimm jetzt das Wort weg, sodass du es nicht mehr sehen kannst. Mach zwei Minuten Pause und beschäftige dich mit irgendetwas anderem. PAUSE.

4. Die praktische Umsetzung der NRM

So, hattest Du eine erholsame Pause? Ja? Dann geht es jetzt mit unserem Spiel weiter. Komm wieder zurück an den Tisch und nimm ein Blatt Papier. Stell dir vor, es ist der nächste Tag in der Schule, und du sollst das Wort, das du gerade vor dir gesehen, aber noch nicht gehört hast, auf das Papier schreiben. Denk dran, es ist ein Spiel und nicht wirklich Schule, und es gibt keine Noten dafür, wie du das Wort jetzt hinschreibst. Es ist ganz unwichtig, falls du es fehlerhaft schreiben solltest. Was wichtig, sehr wichtig ist und warum du das alles tust, ist, dass du jetzt bitte ganz genau überlegst, was du in deinem Kopf machst, um es auf das Papier zu schreiben!

Also erinnere dich an das Wort. Schau in deinen Kopf hinein, hör in deinen Kopf hinein: Wie hast du das Wort gespeichert? Stellst du es dir wieder vor, so, wie du es vor dir im Buch gesehen hast, und schreibst du es so hin, wie du es dir vorstellst, wie du es vor dir siehst?

Oder sagst du es dir in deinem Kopf vor, hörst es in deinem Kopf, so, wie du es dir vorgesagt hast, als du es im Buch gesehen hast, und schreibst es dann so, wie du es dir vorsagst?

Oder machst du beides ein bisschen? Sagst du dir einige Buchstaben des Wortes vor, um sie zu schreiben und einen anderen Teil der Buchstaben stellst du dir vor, siehst du in deinem Kopf und schreibst sie aufs Papier? Finde heraus, welche Buchstaben des Wortes du dir beim Hinschreiben vorsagst und welche du dir so, wie du sie im Buch gesehen hast, vorstellst?

Nimm dir Zeit, um dies herauszufinden. Ich wiederhole: Es ist unwichtig, ob du das Wort fehlerhaft schreibst. Es geht einzig darum, dass du jetzt erkennst: Was machst du in deinem Kopf, um das Wort zu speichern und wenn du es aufs Papier schreibst.

Kommen dir zu diesen Fragen klare Antworten, dann hast du deinen ganz persönlichen Lernstil bewusst erkannt. Also die Denkweisen, die du bisher beim Schreiben- und Lesenlernen benutzt hast und meist auch in allen anderen Schulfächern nuzt. Und du erkennst möglicherweise, dass du damit Fehler schreibst. Da du nicht weißt, wie du deinen Lernstil erfolgreicher nutzen kannst, ist es dir auch nicht möglich, deine Noten zu verbessern, ganz gleich, wie viel und wie lange du mit deinem ungeeigneten Lernstil übst.

Als Nächstes kannst du lernen, wie andere Kinder in deiner Klasse ihr Denken nutzen, wie sie Wörter speichern, um diese dann meist fehlerfrei zu schreiben. Frag dich selbst, was es dir nützt, wenn du weißt, wie die Kinder, die meist fehlerfrei schreiben und flüssig lesen, ihr Denken nutzen?

Denk darüber nach, und finde Antworten darauf, bevor du weiterliest.

4.2 Den Lernstil des sicheren Rechtschreibers erkennen

Kennst du Jungen oder Mädchen in deiner Klasse, die leicht und flüssig fehlerfrei lesen und die im Schreiben kaum Fehler machen? Wer ist es, wie heißt er oder sie? Da ich nicht weiß, wie das Kind heißt, es aber hilfreich ist, dass wir hier einen Namen für „sichere Rechtschreiber" nutzen, nennen wir es jetzt einfach mal „Lutz". Stell dir vor, du könntest herausfinden, wie Lutz, der selten Fehler schreibt, sein Denken beim Lesen und Schreiben nutzt. Wo und wie speichert er Wörter in seinem Kopf, um diese fehlerfrei zu schreiben? Wenn du das wüsstest, was würde dir das nützen, damit du weniger Fehler schreibst und flüssiger Lesen kannst?

Überleg es dir, und finde eine Antwort darauf, bevor du weiterliest.

Wenn du genau wüsstest, wie Lutz sein Denken nutzt, um fehlerfrei zu schreiben, dann brauchst du nur dein Denken genau so nutzen, um die gleichen Ergebnisse zu erzielen. Alle Menschen haben das gleiche Gehirn. Du hast das gleiche Gehirn wie die Kinder in deiner Klasse, die fehlerfrei schreiben, und du kannst dein Gehirn genauso erfolgreich nutzen. Vorausgesetzt, du weißt, wie diese Kinder dies tun, und nutzt dein Gehirn dann ebenso. Willst du herausfinden, wie Lutz, als ein

4. Die praktische Umsetzung der NRM

Beispiel für die Kinder in deiner Klasse, die sicher rechtschreiben, das macht? Dann lies weiter.

Schau dir als Erstes die beiden Bilder von Lutz an. Es ist ein Kopf aus Karton. Eines seiner Augen ist die Linse einer Digitalkamera in einem seiner Ohren steckt ein Aufnahmegerät. So hat Lutz das Gleiche, was du auch hast, um Wörter zu speichern. Mit der Linse, seinem Auge, kann er sie sehen und auf seinem Bildschirm im Kopf speichern. Und ein digitales Aufnahmegerät, das ein Mikrofon hat, das wie ein Ohr aufnimmt, was es hört, und dann im Kopf eine Kassette, auf der er das Gehörte speichert. Schau dir die Bilder auf Seite 80, auf denen die

Lutz, der sichere Rechtschreiber, speichert gesehene Wörter

Ein Pappkarton mit Gesicht. Hinter dem Auge wird eine Digitalkamera eingesetzt. Dies verdeutlicht dem Kind, dass sichere Rechtschreiber gesehene Wörter als innere Wortbilder speichern.

4. Die praktische Umsetzung der NRM

Kassette und das digitale Aufnahmegerät zu sehen sind, an. Das stellt noch mal dar, wie ein Gehirn, also auch dein Gehirn, aufgebaut ist.

Lutz, der sichere Rechtschreiber, speichert gehörte Wörter

Ein Pappkarton mit Gesicht. Hinter dem Ohr wird ein digitales Aufnahmegerät eingesetzt. Das Kind erkennt, dass der Wortklang auf einem inneren „Aufnahmegerät" gespeichert wird.

4. Die praktische Umsetzung der NRM

Bildschirm einer Digitalkamera

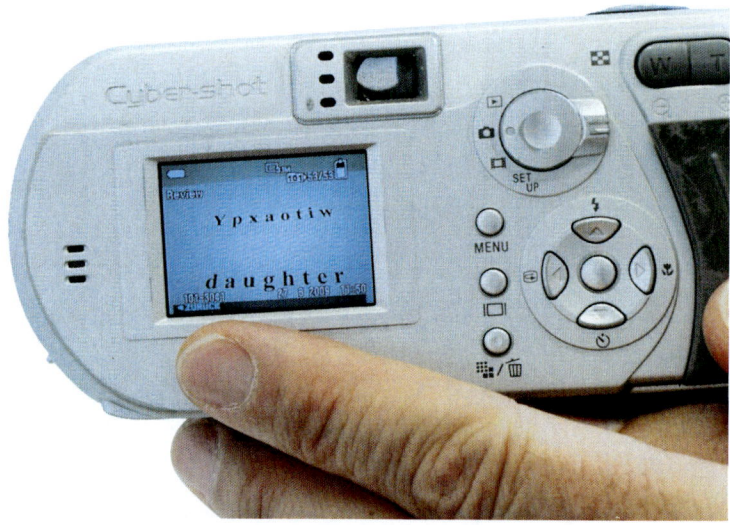

Das Kind erkennt, dass es gesehene Wörter wie mit einer Kameralinse aufnimmt und dann wie auf dem Bildschirm einer Digitalkamera in seinem Kopf speichert. Die Kameralinse steht dabei für seine Augen.

Du bist jetzt ein Gehirnforscher und ich dein Assistent. Wir erforschen jetzt zusammen, wie Lutz seinen Bildschirm und seine Kassette nutzt, wenn er ein Wort anschaut oder ein Wort hört, und von wo er es dann nimmt und ins Heft schreibt.

Stell dir vor, Lutz soll ein neues Wort lernen. Dazu bekommt er eine Wortkarte, auf der das englische Wort „daughter" steht, vor sein Auge (die Kameralinse) gehalten. Er sieht das Wort und es erscheint als Wortbild auf seinem Bildschirm (siehe Bild Seite 78).

4. Die praktische Umsetzung der NRM

Jetzt überleg, was meinst du: Wo speichert Lutz das gesehene Wort? Auf dem Bildschirm? Oder leitet er es weiter auf die Kassette und speichert es dort? Stellt er sich das Wort vor, oder sagt er es sich vor? Oder nutzt er beides, Vorsagen und Vorstellen?

Nimm dir Zeit zum Überlegen. Vergiss deine Entdeckung, wie du es machst. Denk ganz neu nach.

Frag dich: Was ist besser geeignet, um das Wort fehlerfrei ins Heft zu schreiben? Es auf dem Bildschirm zu speichern, es dort anzuschauen und es so zu schreiben, wie es auf dem Bildschirm zu sehen ist? Oder glaubst du, er speichert es nicht auf dem Bildschirm, sondern leitet es auf seine Kassette und speichert das Wort in seinem Kopf, indem er es sich immer wieder leise vorsagt und es dann so schreibt, wie er es sich vorspricht?

Was hilft, weniger Fehler beim Schreiben zu machen, der Bildschirm oder die Kassette? Was ist hilfreicher: Das Wort so zu schreiben, wie man es sich vorsagt, oder so, wie man es sich als Wortbild eingeprägt hat, es sich vorstellt? Was ist sicherer für ein fehlerfreies Schreiben?

Falls du der Meinung bist, dass Lutz es sich immer wieder vorsagt, um es zu schreiben, und es so schreibt, wie er es sich vorsagt, ohne es in seinem Kopf geschrieben zu sehen, dann frag dich, ob man auf dem Tonband einer Kassette, wenn man es aus der Kassette herauszieht, Wörter oder Buchstaben sehen kann?

Falls du eine Musik- oder Märchenkassette hast, spiel sie ab und schau den Kassettenrekorder oder MP3-Player an: Kannst du die Wörter, die du hörst, sehen? Nein, man hört sie nur. Wenn du jetzt die Wörter, die du auf der Kassette hörst, schreiben sollst, kannst du sie dann fehlerfrei schreiben, ohne dass du dir die Wörter in deinem Kopf vorstellen kannst, so, wie sie geschrieben werden?

Wie ist deine Antwort?

4. Die praktische Umsetzung der NRM

Wie funktioniert unser Gehirn?

Dieses Schaubild zeigt, in welchem Bereich des Gehirns Gesehenes und in welchem Gehörtes gespeichert wird. Du findest ein solches Schaubild des Gehirns am Ende des Buches auf Seite 157.

Nach einigem Nachdenken hast du sicherlich ein Aha-Erlebnis:

Du wirst erkennen, dass es notwendig ist, alle Wörter, die Lutz im Buch/Heft oder an der Tafel sieht, auf dem Bildschirm zu speichern; da kann er sie immer wieder anschauen, wenn er sie zum Schreiben braucht.

Hast du das erkannt? Falls du noch Zweifel hast, lies das Kapitel noch einmal durch, bis du dir klar bist. Rede mit deinen Eltern darüber. Es ist wichtig, dass du diesen Schritt wirklich für dich erkennst, bevor du weiterliest.

4.3 Tipps, die das Lernen wesentlich erleichtern

Nachdem du deinen Lernstil und den von Lutz, dem sicheren Rechtschreiber, erkannt hast, lernst du nun, dein Denken ebenso erfolgreich zu nutzen wie er. Um es dir so leicht wie möglich zu machen, ist es wichtig, dass du vor dem Lernen die nachfolgende Entspannungs- und Konzentrationsübung regelmäßig durchführst und sicher beherrschst. Beim ersten Mal braucht es etwa 20 Minuten, bis du die gesamte Anweisung umgesetzt hast und zur äußeren und inneren Ruhe findest. Nach etwa zehnmaligem konsequenten Anwenden brauchst du wahrscheinlich nur noch zwei bis drei Minuten, um ruhig, wach und konzentriert zu sein.

Das Hauptziel ist, dass es dir leicht gelingt, klare, deutliche innere Wortbilder zu sehen und lange zu behalten.

Am Anfang tun deine Eltern gut daran, die Entspannung mitzumachen. Zum einen wird es dir dann leichter fallen, dich zu entspannen. Zum andern können dich deine Eltern, wenn sie selbst angespannt sind, sicher nur schwer davon überzeugen, entspannt und konzentriert zu lernen.

Die innere und äußere Ruhe der Eltern beziehungsweise des Lernbegleiters überträgt sich auf dich und steigert die Erfolgsaussichten deutlich. Umgekehrt beeinflusst dich die Unruhe von Personen um dich herum und lenkt dich ab. Also bitte die, die mit dir lernen, die Entspannung gemeinsam mit dir zu machen. Das beschleunigt deinen Lernerfolg.

4. Die praktische Umsetzung der NRM

4.3.1 Anwendung der Entspannungs- und Konzentrationsübung

Die aufrechte gegenüber einer zusammengesunkenen Sitzhaltung

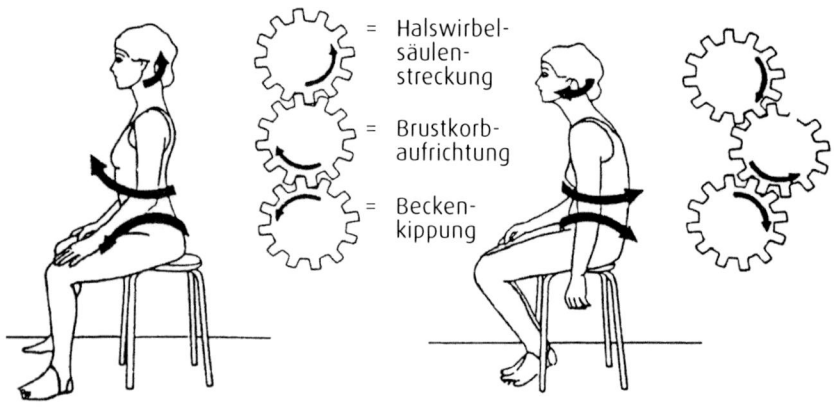

Die Konzentrationsfähigkeit sowie das körperliche und psychische Wohlbefinden stehen in direktem Verhältnis zur beim Lernen eingenommenen Sitzhaltung.

4.3.2 Sitzhaltung

Für eine entspannte und geistig wache Körperhaltung, tiefe Atmung und Durchhaltevermögen ist es äußerst wichtig, eine aufrechte Sitzhaltung einzunehmen. Grundvorausetzung hierfür ist, mittig auf den Sitzknochen zu sitzen. Nur dann kann die Wirbelsäule dauerhaft eine aufrechte Sitzhaltung beibehalten.

4. Die praktische Umsetzung der NRM

4.3.3 Auf die Sitzknochen setzen

Bitte deine Eltern, dich dabei zu unterstützen, deine Sitzknochen zu finden, indem du diese mit den Fingern ertastest und selbst fühlst; dann setz dich mittig auf die Sitzknochen. Um dies zu erreichen, beuge deinen Oberkörper weit nach vorn, finde dann die Sitzknochen mit den Händen und setz das Gesäß auf die Sitzknochen nieder. Ich gebe zu, dies ist eine etwas komische Übung; auf den Sitzknochen zu sitzen, ist jedoch für ein langes und entspanntes Sitzen sehr wichtig. Ein Anzeichen, dass du wirklich mittig auf den Sitzknochen sitzt, ist, dass der untere Rücken keine Wölbung nach außen zeigt, sondern leicht nach innen gewölbt ist. Damit ist verbunden, dass der Bauchraum anstatt einen Knick nach innen zu haben, eine kleine Bauchwölbung nach außen ermöglicht. Das ist wichtig, um dem Zwerchfell die Möglichkeit zu geben, sich beim Ein- und Ausatmen im Bauchraum frei zu bewegen. Hast du diese aufrechte und bequeme Sitzhaltung eingenommen, leg die Hände bitte entspannt auf den Oberschenkeln ab.

Auf den Sitzknochen sitzen

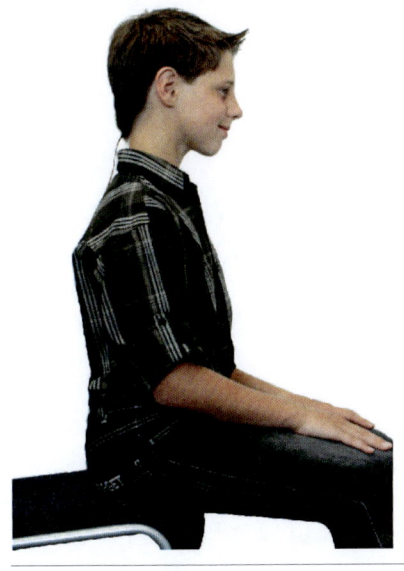

Für eine gesunde, entspannte und dauerhaft ruhige Sitzhaltung beim Lernen ist es notwendig, mittig auf den Sitzknochen zu sitzen.

4. Die praktische Umsetzung der NRM

4.3.4 Bauch- statt Brustatmung

Bauchatmung

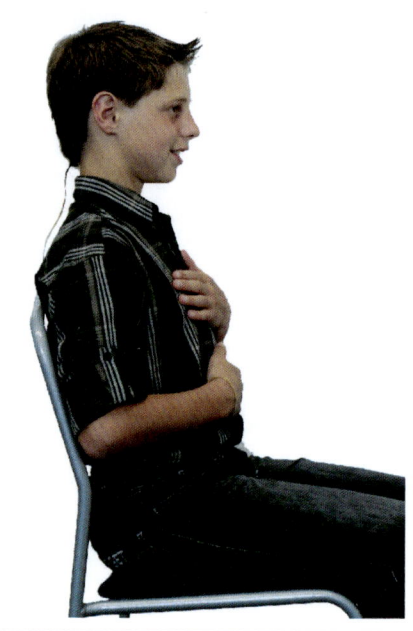

Das Zwerchfell kann sich so nach unten in den Bauchraum hinein weiten. Die Lunge dehnt sich beim Einatmen aus und füllt sich ausreichend mit Sauerstoff für ein langes, konzentriertes Lernen. Körper und Geist werden ruhig.

Jetzt ist es wichtig, den Atemrhythmus so zu beeinflussen, dass sich der Bauch beim Einatmen nach außen bewegt. Das Zwerchfell kann sich so nach unten in den Bauchraum hinein weiten. Die Lunge kann sich beim Einatmen ausdehnen und das Herz ebenso. Die Einatmung füllt nun den gesamten Bauchbereich aus und dann auch den Brustbereich. Lass den Bauch beim Ausatmen einfallen; das Zwerchfell bewegt sich dann nach oben und drückt auf die Lunge, um das Ausatmen zu unterstützen.

Was nicht gewollt ist und zu Anspannung führt, ist, wenn sich der Bauch beim Einatmen einzieht und die Brust hebt. Dann zieht sich das Zwerchfell beim Einatmen nach oben in den Brustraum hinein.

4. Die praktische Umsetzung der NRM

Die Lunge und das Herz werden zusammengedrückt, statt sich auszudehnen. Leichtes, lockeres und zuversichtliches Lernen ist so nicht möglich, und du kannst dich nicht lange konzentrieren.

Um herauszufinden, ob du die Brust- oder die Bauchatmung nutzt, leg eine Hand auf den Oberbauch, unterhalb der Rippen, nahe beim Solarplexus. Leg die andere Hand auf die Brustmitte. Dann schließ die Augen für einen Moment. Jetzt fühl beim Einatmen mit den Händen bei weiterhin geschlossenen Augen, was sich als Erstes bewegt und wölbt, die Brust oder der Bauch? Nach ein paar Atemzügen wirst du fühlen, ob du mehr in die Brust oder in den Bauch atmest. Atmest du in die Brust, bring deine ganze Aufmerksamkeit auf die Hand auf

Der untere Rücken in seiner natürlichen Haltung

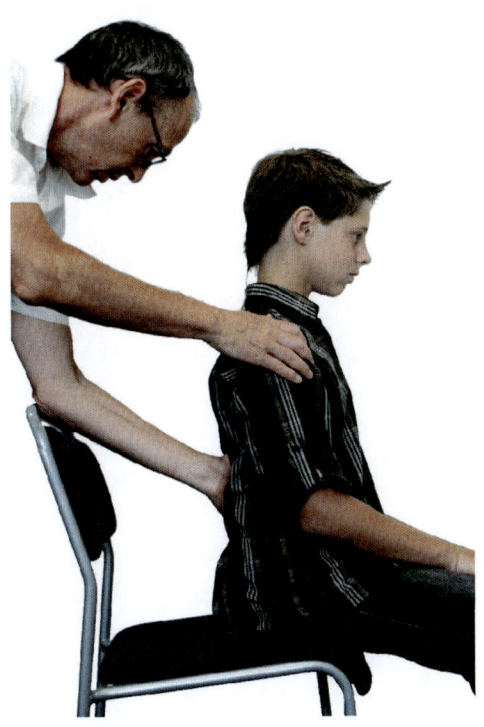

Der untere Rücken sollte keine Wölbung nach außen zeigen, sondern in seiner natürlichen Form leicht nach innen gewölbt sein. Dies erlaubt dem Zwerchfell, sich beim Einatmen in den Bauchraum hinein zu weiten – Grundvoraussetzung für eine entspannte und dauerhafte Körper und Geisteshaltung.

4. Die praktische Umsetzung der NRM

dem Bauch, drück die Hand etwas fester auf den Bauch. Wenn du jetzt wieder einatmest, atme als Erstes in den Bauch, dorthin, wo deine Hand auf dem Bauch liegt. Spür, wie sich dadurch der Bauch zu wölben beginnt und sich deine Hand auf dem Bauch bewegt.

Stell so langsam und entspannt deine Atmung von der Brust- auf die Bauchatmung um, sodass sich beim Einatmen die Bauchdecke hebt. Es ist wichtig, dass sich deine Atmung auf Bauchatmung umstellt, damit sich das Zwerchfell nach unten in den Bauchraum bewegt und sich Lunge und Herz weiten können. Bist du unsicher, wie du deine Atmung umstellen kannst, bitte jemanden, dir ein Vorbild zu sein und dir die Bauchatmung zu zeigen.

4.3.5 Entspannter Unterkiefer

Sitzt du entspannt und aufrecht und läuft die Bauchatmung locker und tief, dann ist der nächste Schritt, den Kopf und das Gehirn in einen entspannten, wachen Zustand zu versetzen. Hierfür ist es wichtig, den Unterkiefer, das Kiefergelenk, die Halswirbel und den Gehirnstamm in einen entspannten Zustand zu bringen. Erst wenn das Gehirn entspannt ist, fällt es dir leicht, dir im Kopf Bilder vorzustellen und alle weiteren Anweisungen umzusetzen.

Bitte deine Eltern, dich dabei zu unterstützen, dass du deinen Unterkiefer, das Kiefergelenk und die obere Halswirbelsäule bewusst mit deinen Finger spürst. Öffne jetzt bitte ganz leicht deinen Mund, um so den Unterkiefer locker zu lassen. Der leicht geöffnete Mund entspannt die Kiefermuskulatur; spür dies, indem du mit deinen Fingern die Kiefermuskulatur ertastest. Lockere Kiefermuskulatur lockert die obere Halswirbelsäule und bewirkt, dass der Teil vom Gehirnstamm, der sich im oberen Bereich der Halswirbelsäule befindet, entspannt und gut durchblutet wird und so die Informationen zwischen dem Gehirn und dem Nervensystem weitergeben kann. Auch dies kannst du fühlen,

4. Die praktische Umsetzung der NRM

indem du merkst, wie sich dein Hals locker und nach allen Seiten hin sehr beweglich anfühlt. Zusammengebissene Zähne und ein damit verbundenes angespanntes Kiefergelenk können Kopfschmerzen bis hin zur Migräne verursachen – auch dies ist mittlerweile wissenschaftlich erwiesen.

Lockerer Unterkiefer, entspannter Kopf

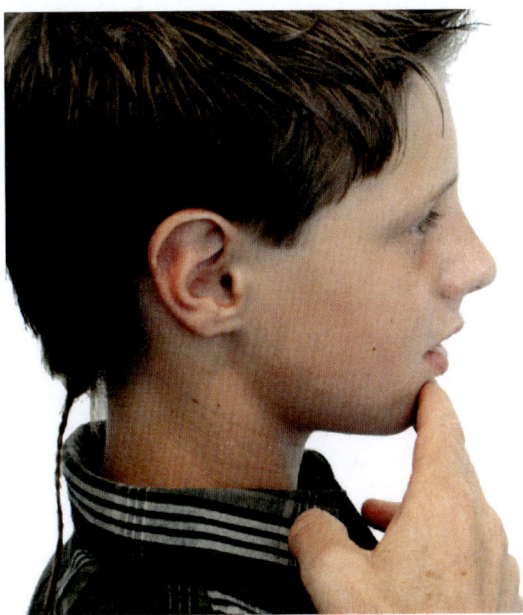

Ist der Unterkiefer entspannt, entspannt sich auch das Kiefergelenk, die oberen Halswirbel und Teile des Gehirnstamms. Ist der Unterkiefer hingegen angespannt, kann das zu Kopfschmerzen führen.

4. Die praktische Umsetzung der NRM

4.3.6 Ruhige Augen

Schließe die Augen und lass die Augenlider und Augäpfel vollkommen zur Ruhe kommen. Spür deine Augenlider: Sind sie ruhig oder flattern sie? Bewegen sich die Augäpfel hin und her? Fühlen sich deine Augen gereizt an? Sind sie gerötet? Bitte deine Eltern dich dabei zu unterstützen, dies herauszufinden. Nur wenn deine Augen und das mit ihnen verbundene Nervensystem und deine Gedanken vollkommen zur Ruhe kommen, gelingt es dir, dir Wörter, die du im Schulbuch oder an der Tafel siehst, leicht und locker als klare und deutliche Wortbilder in deinem Kopf vorzustellen, und zwar dauerhaft. Dies ist eine Grundvoraussetzung für sichere Rechtschreibung und flüssiges, fehlerfreies Lesen und auch den Lernerfolg in anderen Schulfächern.

Um flatternde Augenlider und unruhige oder gereizte Augen zu entspannen, reib bitte die Handflächen fest aneinander, bis sie richtig warm sind. Dann leg die Handflächen drei Minuten lang auf die Augen.

Augenlider und Augäpfelbewegung zur Ruhe kommen lassen

Um Augenlider und Augäpfel zur Ruhe kommen zu lassen, werden die Handflächen so lange aneinander gerieben, bis sie gut warm sind, und dann auf die Augen gelegt. Dies unterstützt dabei, gesehene Wörter leicht und klar als innere Bilder im Kopf zu speichern.

4. Die praktische Umsetzung der NRM

Achte darauf, dass die Augen mit der Mitte der Handflächen abgedeckt werden. Leg nicht die Finger über die Augen, sondern die Mitte der Handflächen, dort, wo die Wärme entstanden ist.

Diese uralte Technik aus Indien bewirkt, dass sich die Augen und das Gehirn entspannen können. Bei regelmäßiger Anwendung verbessert sich zudem das Sehvermögen. Doch hier geht es darum, dass du das, was du an der Tafel oder im Buch liest, leicht, locker und dauerhaft auf deinem inneren „Bildschirm" speichern und dir beim Schreiben wieder klar und deutlich vorstellen kannst.

4.3.7 Lernen geschieht im Hier und Jetzt

Wenn du etwas lernst, so geschieht das immer in genau diesem Moment und genau an dem Platz, wo du dich gerade befindest. Man nennt dies die Gegenwart, das Hier und Jetzt. Zappelst du mit deinem Körper herum, bist du gedanklich abgelenkt oder abwesend, also nicht im Hier und Jetzt, kannst du nichts von dem, was im Buch oder an der Tafel steht oder was die Lehrkraft sagt, aufnehmen und behalten.

Eltern sagen dann oft: „Mein Kind kann sich nicht konzentrieren, wir haben schon dies und das ausprobiert, doch nichts hilft, es ist einfach unfähig dazu, vielleicht hat es auch AD(H)S."

Hier ein Tipp für Eltern, um herauszufinden, ob ihr Kind grundsätzlich fähig ist, vollständig präsent zu sein. Überlegen Sie, ob es im Leben Ihres Kindes Zeiten gibt, in denen es sich vollkommen in etwas vertieft und konzentriert damit beschäftigt? Ist dies der Fall, hat Ihr Kind durchaus die Fähigkeit, präsent zu sein, sich zu fokussieren und zu konzentrieren. Die Frage ist, ob es diese Fähigkeit auch zeigt, wenn es etwas lernen soll, was es nicht wirklich interessiert. Wenn es also etwas tun soll, was es freiwillig zu dieser Zeit wahrscheinlich nicht tun würde. Es ist ganz wichtig, „wollen" und „können" zu trennen. Fragen Sie Ihr Kind was es dazu meint, es wird das sehr wahrscheinlich bestätigen.

4. Die praktische Umsetzung der NRM

Ich habe noch kein Schulkind getroffen, das unfähig gewesen wäre, sich zu konzentrieren, um mithilfe der hier beschrieben Methode sicheres Rechtschreiben und flüssiges und fehlerfreies Lesen zu erlernen. Allerdings habe ich in vielen Fällen weit mehr Familienberatungsstunden als Lernförderstunden aufgewendet, um die Motivation des Kindes herzustellen und familiäre Disharmonien auszugleichen. Danach konnte das Kind in den schon erwähnten drei bis maximal zehn Lernförderstunden lernen, sein Lesen und Schreiben ganz erheblich zu verbessern.

Die folgende Übung hilft Kind und Eltern, geistig voll präsent zu sein und so die Übungen in diesem Buch und den Lernstoff in der Schule leicht aufzunehmen. Mit jedem Mal, da Sie und Ihr Kind sich darauf einlassen, verlängert sich sein Konzentrationsvermögen. Das Kind entwickelt die Fähigkeit, sich in immer kürzerer Zeit immer mehr Lernstoff dauerhaft einzuprägen.

Die nächsten Anweisungen richten sich wieder direkt an das Kind:

Bitte setz dich entspannt und aufrecht auf deinen Stuhl. Beobachte, wie du locker und tief einatmest, sich dein Zwerchfell dabei nach unten in den Bauchraum bewegt und sich deine Bauchdecke nach außen wölbt. Lass das Atmen ganz von selbst passieren. Steure das Atmen bitte nicht mit dem Kopf. Es braucht dich nicht, es passiert von ganz alleine, und dann ist es auch meist die natürlichste Atmung. Lass den Unterkiefer locker und den Mund leicht geöffnet. Spür, wie das Kiefergelenk sich entspannt und ebenso dein Hals. Lass die Augenlider und Augäpfel vollkommen zur Ruhe kommen. Spür wie jetzt dein ganzer Körper in eine wache und doch tiefe Ruhe eintaucht. Alle Bewegungen des Körpers kommen zur Ruhe und so kommt auch Ruhe in deinem Kopf.

Jetzt lernst du noch, wie dein Kopf, deine Gedanken zur Ruhe kommen. Wie du entspannt und trotzdem geistig wach bist. Wie du einen Zustand erreichst, in dem du locker und leicht das zu Lernende in deinen Kopf aufnehmen, dort speichern und fehlerfrei wiedergeben kannst.

4. Die praktische Umsetzung der NRM

Spür deine Nasenlöcher, ohne dafür die Finger zu benutzen oder den Körper zu bewegen. Spür, wo die Luft, wenn du einatmest, das erste Mal deine Nasenlöcher berührt. Sag nichts dazu; spür es nur für dich. So lernst du, dein Denken auf das Hier und Jetzt zu lenken, indem du die Luft des Einatmens an der Nase spürst. Dann zähl, wie viele Sekunden lang die Luft die Nase beim Einatmen berührt. Zähl langsam: einundzwanzig, zweiundzwanzig, dreiundzwanzig (fang mit „einundzwanzig" an, denn das dauert länger als „eins"). Nimm dir für dieses Zählen eine Minute Zeit. Dann mach das Gleiche mit dem Ausatmen. Wo berührt die Luft als Letztes deine Nasenlöcher, bevor sie ausströmt? Nimm dies einfach nur bewusst wahr, ohne etwas dazu zu sagen, und halt den Körper dabei vollkommen entspannt und wach; bleib eine Minute dabei und zähl, wie lang du die Berührung des Atems beim Ausatmen spürst. Wahrscheinlich wirst du bemerken, dass du zwischendurch immer wieder mal an etwas denkst und deine Nase dann nicht mehr spürst und das Zählen vergisst. Dass du für eine Weile nicht im Hier und Jetzt an deiner Nase bist, sondern einem Gedanken folgst. Dann wirst du merken, dass du wieder präsent bist und wieder mit der Nase und dem Atem Kontakt aufgenommen hast. Wichtig ist, dass du dich nicht bewertest, wenn du mit deinen Gedanken abschweifst. Finde einfach wieder zur Nase und zum Atmen zurück. Das Schöne an der Übung ist, dass der Atem und dein Empfinden an der Nase immer da sind; du brauchst dafür nichts zu tun, sondern kannst dich einfach fragen: Wo spüre ich meinen Atem, wo spüre ich den Kontakt des Atems an meiner Nase? – und dort verweilen.

Der letzte Schritt ist nun, locker und leicht die Zeit zu verlängern, in der du im Hier und Jetzt sein kannst. Man nennt diese Zeit meist „sich auf etwas konzentrieren können". Verlänger dafür das Ausatmen um eine Zahl: Wenn du beim Ausatmen bisher zum Beispiel bis „dreiundzwanzig" gezählt hast, bevor das Einatmen wieder begonnen hat, zähl jetzt bis „vierundzwanzig". Dann lass eine kleine Pause zu, in der du weder ein- noch ausatmest, und dann lass die Einatmung wieder ganz von selbst einsetzen. Bitte steuer das Atmen nicht vom

4. Die praktische Umsetzung der NRM

Kopf. Das Atmen braucht dich nicht, um geschehen zu können, im Gegenteil, wenn du es steuerst, erzeugst du nur Stress, und die wirkliche Entspannung, Erholung und Stärkung der Konzentration geht verloren. Beobachte einfach nur, wie es ganz von selbst ein- und wieder ausatmet, und schau dabei zu. Und dann verlänger ganz locker und leicht das Ausatmen um eine Zahl. Du wirst bemerken, dass es in deinem Kopf und in deinem Körper immer ruhiger wird und du trotzdem hellwach bist. Das ist eine Grundvoraussetzung für leichtes, lockeres und erfolgreiches Lernen.

Innere und äußere Ruhe

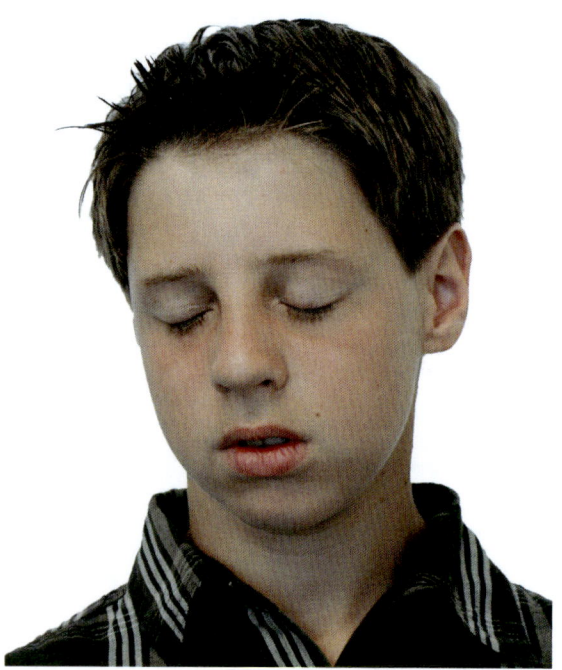

Ruhige Augen, lockerer Unterkiefer und entspannte Gesichtszüge sind Anzeichen, dass die Gedanken zur Ruhe kommen. Geistige Wachheit, Präsenz und Zuversicht stellen sich ein – Vorraussetzung für lockeres und leichtes Lernen.

4. Die praktische Umsetzung der NRM

Alle weiteren Lernschritte, die in diesem Buch beschrieben sind, um sicher und fehlerfrei lesen und schreiben zu lernen, bauen auf diesem Zustand auf.

Ganz wichtig ist: Wann immer Lernen für dich zum Stress wird, wann immer du dich nicht mehr konzentrieren kannst, hör sofort mit Lernen auf! Fühl dich in die oben beschriebene Entspannungsübung ein. Wenn du drei bis fünf Minuten darin verweilst, erholen sich dein Körper und dein Geist. Dies gibt dir Kraft, Konzentration, Zuversicht und Ausdauer zurück.

Eltern möchte ich nochmals darauf hinweisen, dass sich nach meinen Erfahrungen die Entspannungs- und Konzentrationsfähigkeit schnell und dauerhaft verbessert, wenn Sie die Übung regelmäßig gemeinsam mit Ihrem Kind machen.

Ohne innere und äußere Ruhe, Präsenz, Wachheit und Zuversicht, die durch die oben beschriebene Übung erreicht werden, scheitert das Kind möglicherweise an den nächsten Lernschritten und glaubt dann, es sei unfähig. Dies ist jedoch nicht der Fall. Wann immer ich merke, dass das Kind nicht mehr fähig ist, den nächsten Lernschritt auszuführen, lächle ich es zuallererst zuversichtlich an und bitte es dann, eine Pause zu machen. Hat das Kind zwei-, dreimal die Entspannung eingeübt, setzt es sich in der Regel automatisch aufrecht hin, schließt die Augen, atmet ein paarmal tief durch und entschwindet für eine Weile in „das Land des Lächelns", wie ich es nenne, um etwas später von selbst wieder die Augen zu öffnen und das Startsignal zum Weitermachen zu geben. Ich nutze in der Regel ebenfalls die Zeit, um meine innere Ruhe und Zuversicht zu überprüfen und gegebenenfalls aufzutanken.

4. Die praktische Umsetzung der NRM

4.4 Vorstellungshilfen

Bevor es im Folgenden um die schrittweise praktische Umsetzung der **NRM** geht, werden zwei Begriffe eingeführt und erläutert, die eine wichtige Rolle beim Erlernen der sicheren Rechtschreibung spielen.

4.4.1 Der Bildschirm im Kopf

Der Bildschirm

Die Darstellung eines Bildschirms hilft dem Kind, sich seiner gedanklichen Bilder bewusst zu werden.

4. Die praktische Umsetzung der NRM

Eine grundlegende Voraussetzung für eine sichere Rechtschreibung sowie flüssiges und fehlerfreies Lesen ist, dass das Kind sich seiner gedanklichen Bilder bewusst wird. Den Bereich im Denken, in dem es sich innere Bilder vorstellt, nenne ich bei den Kindern „Bildschirm". Um Kinder darin zu unterstützen, sich ihrer gedanklichen Bilder bewusst zu werden, arbeite ich mit einer Digitalkamera. Sie trägt zu einem leichteren Verständnis bei.

Ich erkläre, dass die Linse der Kamera mit dem menschlichen Auge vergleichbar ist. Auf dem rückseitigen Bildschirm ist die Aufnahme zu sehen und jederzeit wieder aufrufbar. Jedes Kind, das den Schulaufnahmetest bestanden hat, ist in der Lage, sich dieses „Bildschirms" bewusst zu werden, auf dem es sich Dinge, die es gesehen hat, wieder sichtbar machen kann.

Dann fotografiere ich das Kind und zeige ihm auf dem Bildschirm auf der Rückseite der Kamera das Porträt, das ich von ihm gemacht habe. Ich erkläre ihm, dass dies der Bildschirm der Kamera ist, auf der all das zu sehen ist, was zuvor fotografiert wurde. Dann bitte ich das Kind, sich mit offenen oder mit geschlossenen Augen sein Fahrrad vorzustellen (es kann auch ein anderer Gegenstand sein, den das Kind schon mal gesehen hat und an den es sich gerne erinnert). Wenn es sagt, dass es sich den Gegenstand vorstelle, dann bitte ich es, mit einem Finger den Gegenstand in der Luft – dort, wo es sich den Gegenstand auf seinem „Bildschirm" vorstellt – nachzuzeichnen.

Gelingt dies, sind die Voraussetzungen gegeben, dass das Kind die folgenden Übungen eigenverantwortlich bearbeitet.

4. Die praktische Umsetzung der NRM

4.4.2 Die Kassette im Kopf

Die Kassette und das digitale Aufnahmegerät

 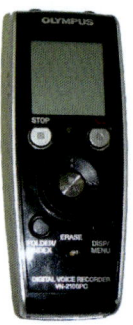

Das Bild einer Kassette unterstützt das Kind dabei, sich bewusst zu werden, dass sich Menschen alles Gehörte jederzeit wieder aufrufen und innerlich vorsagen können. Am digitalen Aufnahmegerät verdeutliche ich, dass der Ton auch in das Gerät hineingeht und dort gespeichert wird.

Eine weitere grundlegende Voraussetzung für eine sichere Rechtschreibung sowie flüssiges und fehlerfreies Lesen ist, dass sich das Kind seiner inneren Stimme bewusst wird: den Bereich unseres Denkens, in dem wir alle Wörter, die wir je gehört haben, wie auf einer inneren Kassette wieder hören und uns immer wieder vorsagen. Viele Menschen verlautlichen sich innerlich mit seiner Hilfe auch Geschriebenes.

Diesen Bereich nenne ich für Kinder „Kassette". Um sie darin zu unterstützen, sich der Wörter, die sie sich im Kopf vorsagen, bewusst zu werden, nutze ich ein digitales Aufnahmegerät und erkläre ihnen, dass es ein eingebautes Mikrofon hat, das mit dem menschlichen Ohr vergleichbar ist. Im Aufnahmegerät sollen sie sich ein Tonband wie in einer Kassette vorstellen, durch das sich jeder Mensch alles Gehörte oder innerlich Verlautlichte jederzeit wieder aufrufen und innerlich vorsagen kann. Dann lasse ich das Kind seinen Namen auf ein digitales Aufnahmegerät sprechen und durch Abspielen wieder anhören. Danach unterstütze ich es, sich seiner inneren „Kassette" bewusst zu werden, indem ich es bitte, sich seinen Vor- und Nachnamen innerlich still vorzusagen, sodass es diese nur in seinem Kopf, auf seiner Kassette hört, was für Außenstehende jedoch nicht hörbar ist. Nur das Kind selbst hört sich in seinem Kopf sprechen. Gelingt dies, sind die Voraussetzungen gegeben, dass es die folgenden Lernschritte nachvollziehen kann.

4.4.3 Mit dem „Kobrablick" (peripheren Blick) lernen

Um Wörter fehlerfrei zu schreiben, lernt das Kind alle Buchstaben eines Wortes gleichzeitig anzuschauen und als Wortbild in seinem Bildgedächtnis zu speichern. Mit etwas Training sind Kinder ab acht Jahren fähig, sechs bis acht Buchstaben gleichzeitig zu erfassen.

Bei längeren Wörtern betrachtet und speichert das Kind zunächst die erste Hälfte des Wortes und dann die zweite Hälfte. In seinem Bildgedächtnis fügt es dann die beiden Teile zu einem Wort zusammen. Diese Art, das Wortbild ganz zu erfassen, nennt man den „peripheren Blick". Die Augen ruhen bewegungslos auf dem Wort und erfassen alle Buchstaben gleichzeitig.

Um Kindern den peripheren Blick kindgerecht nahezubringen, habe ich ihn „Kobrablick" genannt und erkläre Folgendes dazu:

Das Kobrablatt hilft, zu lernen, alle Buchstaben eines Wortes gleichzeitig anzuschauen (peripherer Blick). Am Ende des Buches befinden sich auf Seite 159 vier Kobrablätter zum Ausschneiden.

4. Die praktische Umsetzung der NRM

Der Kobrablick

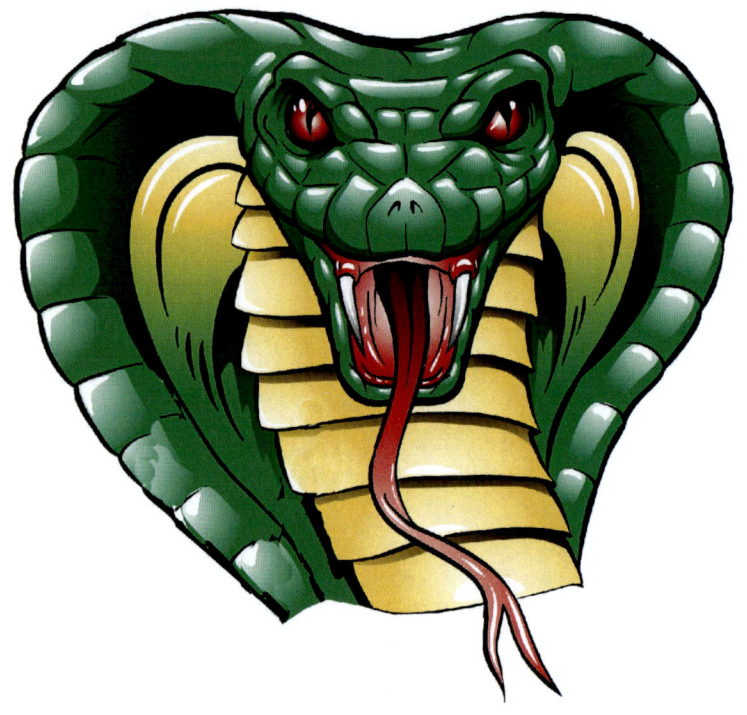

4-6 Zeichen gleichzeitig anschauen.

Vorübung, um 4-8 Buchstaben eines Wortes gleichzeitig anzuschauen.

© www.ipl-nicolay.com

4. Die praktische Umsetzung der NRM

Die Kobra ist eine Schlange, und Schlangen können ihre Augen nicht bewegen. Sie halten die Augen immer ruhig, schauen immer geradeaus und können trotzdem weitwinklig alles sehen. Mit der folgenden Anweisung kannst du lernen, alle Buchstaben eines Wortes auf einen Blick anzuschauen und auf deinem Bildschirm im Kopf zu speichern, sodass du es, wenn du es schreiben sollst, dir wieder auf dem Bildschirm anschauen und genau so, wie es dort steht, fehlerfrei in dein Heft schreiben kannst.

Den Kobrablick erlernen

Den Kobrablick (peripheren Blick) erlernen

Die Daumen in Augenhöhe und mit den Augen ruhig und geradeaus schauen. Ohne die Augen zu bewegen, beide Daumen gleichzeitig sehen.

- Die Arme ausstrecken und Daumenspitzen zusammen in Augenhöhe bringen, Kopf gerade halten.

4. Die praktische Umsetzung der NRM

- Die Daumenspitzen mit ruhigen Augen anschauen.

- Daumen ganz langsam seitlich auseinander bewegen: den linken Daumen nach links, den rechten Daumen nach rechts (ungefähr 20 cm oder ungefähr in der Breite eines deiner Schulbücher).

- Die Augen blicken weiterhin geradeaus mit dem Kobrablick (peripheren Blick). Die Augen bewegen sich nicht mit den Daumen mit. So wird das Blickfeld, bei geradeaus gerichteten Augen, weiter und weiter.

Kannst du mit deinen Augen ruhig und entspannt und unbeweglich geradeaus blicken und sehen, wie sich deine Finger auseinander- und wieder zusammenbewegen, ohne dass deine Augen sich mitbewegen, dann beginn mit der nächsten Übung.

Falls du merkst, dass sich deine Augen noch mitbewegen, mach eine kurze Pause und beginn noch mal von vorn.

Beginn die nächste Übung erst, wenn du diese beherrschst. Alles, was du hier lernst, baut aufeinander auf. Denk daran, was ich schon zum Hausbau erklärt habe. Nur wenn jeder Stein fest sitzt, kann der nächste sicher darauf gebaut werden. Wackelt ein Stein und du baust den nächsten darauf, dann bricht alles zusammen und du musst noch mal von vorn anfangen. Das kostet zusätzliche Energie und frustriert. Daher nimm dir die Zeit, die du brauchst, um jede Übung sicher zu beherrschen, bevor du zur nächsten übergehst.

4. Die praktische Umsetzung der NRM

Das Kobrablatt benutzen

Mit dem Kobrablick Zeichen erfassen

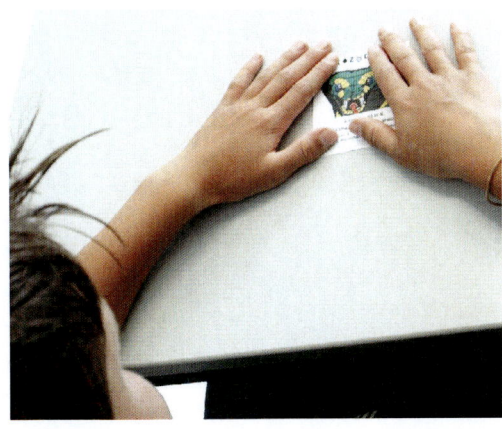

Vier Zeichen auf dem Kobrablatt gleichzeitig anschauen.

Um den Kobrablick zu üben, kann dir auch das Kobrablatt helfen. Am Ende des Buches findest du Kobrablätter zum Ausschneiden. Das Kobrablatt hilft dir, den Kobrablick zu lernen. Du lernst jetzt, alle Buchstaben eines Wortes gleichzeitig anzuschauen, so wie es auch ein Fotoapparat macht, wenn er Worte fotografiert.

- Nimm das Kobrablatt und leg es vor dir auf den Tisch.

- Grenz vier der zehn grafischen Zeichen am oberen Rand des Kobrablatts mit den beiden Zeigefingern ein, sodass du vier der Zeichen sehen kannst und die restlichen Zeichen abgedeckt sind

- Schau dir jetzt die vier Zeichen alle gleichzeitig an; sieh alle Zeichen auf einen Blick – die Augen bleiben unbeweglich geradeaus gerichtet (also wieder mit dem Kobrablick).

4. Die praktische Umsetzung der NRM

- Jetzt schau dir die vier Zeichen gleichzeitig an. Alle vier Zeichen auf einen Blick, fotografier sie dir ab und speicher sie auf deinem Bildschirm im Kopf. Das gelingt dir am besten, wenn du dir die vier Zeichen mehrmals nur kurz anschaust: zwei Sekunden hinschauen, dann den Kopf heben, gerade halten und mit offenen oder geschlossenen Augen geradeaus in Nasen- oder Stirnhöhe schauen und warten, bis du dir dort die Zeichen vorstellen kannst, bis du sie dort vor dir wie abfotografiert sehen kannst.

- Dann schau wieder für zwei Sekunden die vier Zeichen gleichzeitig auf dem Kobrablatt an, heb wieder den Kopf, halt ihn gerade, schau wieder in Nasen- oder Stirnhöhe, und du wirst merken, dass du dir so immer mehr Zeichen vorstellen kannst. Wiederhole das so lange, bis du dir alle vier Zeichen klar und deutlich vorstellen kannst, bis du sie alle vier gleichzeitig vor dir siehst.

Zeichen des Kobrablatts in die Luft malen

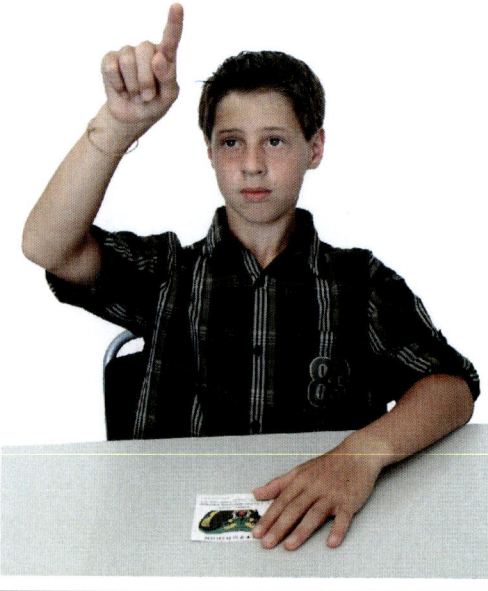

Sich vier Zeichen vom Kobrablatt gleichzeitig vorstellen und in die Luft malen.

4. Die praktische Umsetzung der NRM

- Dort, wo du dir dies mit offenen oder geschlossenen Augen vorstellen kannst, nennen wir jetzt deinen „Bildschirm"

- Wenn du dir die vier Zeichen auf deinem Bildschirm alle gleichzeitig klar und deutlich vorstellen kannst, nimm deinen Zeigefinger und mal sie in die Luft. Beginn dafür mit dem letzten Zeichen, also mit dem, das du dir ganz rechts auf deinem Bildschirm vorgestellt hast, dann das zweite von rechts ... bis zum ersten. Die Zeichen von hinten nach vorne in die Luft zu schreiben, hilft dir, dass du sie dir wirklich vorstellen kannst und sie dir nicht vorsagst. Du willst die Zeichen vor dir sehen und sie dir nicht vorsagen.

- Funktioniert dies, dann schau dir sechs der Zeichen gleichzeitig an und mal sie in die Luft. Kannst du dir sechs Zeichen im Kobrablick leicht, klar und deutlich acht Sekunden lang vorstellen, also auf deinem Bildschirm sehen, dann mach mit der nächsten Übung weiter.

- Funktioniert es noch nicht leicht und locker, mach eine kurze Pause, nutze die Entspannungsübung und beginn dann noch mal von vorn.

Vorbereitung
- Setz dich bitte aufrecht auf deine Sitzknochen.

- Lass deinen Körper – auch den Kopf – vollkommen zur Ruhe kommen.

- Falls dir dies nicht einfach gelingt, folge noch mal der Entspannungs- und Konzentrationsübung in Abschnitt 4.3.

4. Die praktische Umsetzung der NRM

Stell dir deinen Namen vor
- Halt den Kopf gerade, schau mit den Augen leicht nach oben und

- stell dir deinen Namen geschrieben auf deinem Bildschirm vor (in Augen- oder Stirnhöhe, mit offenen oder geschlossenen Augen). Erst deinen Vornamen, dann deinen Nachnamen.

- Stell dir alle Buchstaben deines Namens gleichzeitig vor und

- schreib dann deinen Namen, mit dem letzten Buchstaben beginnend, von hinten nach vorn in die Luft.

Wörter ganz erfassen
- Schlag dein Buch/Heft auf.

Wörter mit Kobrablick erfassen

Mit dem Kobrablick alle Buchstaben eines Wortes anschauen und auf dem inneren „Bildschirm" fehlerfrei speichern.

4. Die praktische Umsetzung der NRM

- Deck mit dem Kobrablatt das erste Lernwort ab.
- Schau auf dem Kobrablatt vier bis sechs Zeichen gleichzeitig an.
- Stell dir die Zeichen vor,
- präg sie dir auf deinem Bildschirm ein, bis du sie dir leicht und locker acht Sekunden lang deutlich vorstellen kannst.

Dies ist die Übung, die du unter „Den Kobrablick erlernen" gelernt hast.

Das Lernwort im Kopf vorstellen, ohne es dir vorzusagen
Du lernst jetzt, dir Lernworte ganz anzuschauen (Kobrablick!), auf deinem Bildschirm zu speichern, ohne sie auf deiner Kassette zu speichern. Dies ist die Voraussetzung für fehlerfreies Lesen und Schreiben.

Lies dir bitte erst die nachfolgenden Anweisungen durch, ohne diese auszuführen. Sie bestehen aus zwei Teilen. Es ist wichtig, dass du beide Teile verstanden hast, bevor du beginnst, sie anzuwenden, da du dann beide gleichzeitig anwenden wirst. Dies ist eine größere Herausforderung. Daher nochmals die Bitte, nimm dir die Zeit, die du brauchst, um alles zu verstehen, sodass du es dann sicher beherrschst. Wird es anstrengend, mach eine Pause, nutz die Entspannungsübung und beginn neu.

Wörter als Ganzes anschauen und als Wortbild speichern
- Du hast mit dem Kobrablatt ein Wort abgedeckt, das du dir fehlerfrei in deinem Kopf abfotografieren und speichern möchtest.
- Schieb das Kobrablatt jetzt weg und schau dir das Wort darunter an.

4. Die praktische Umsetzung der NRM

- Schau dir alle Buchstaben gleichzeitig, auf einen Blick, an, so, wie du es bei „Den Kobrablick erlernen" gemacht hast.

- Fotografier es dir mit deinen Augen ab und präg dir alle Buchstaben des Wortes auf deinem Bildschirm ein. Nimm dir dafür die Zeit, die du brauchst. Es ist okay, wenn du dir erst mal nur ein, zwei Buchstaben auf deinem Bildschirm einprägen kannst. Folge einfach den weiteren Anweisung und wiederhole diese so lange, bis es funktioniert und du dir alle Buchstaben des Wortes in deinem Kopf klar und deutlich vorstellen kannst.

- Schau das Lernwort nur kurz an. Nimm dir dafür zwei Sekunden Zeit. Dann deck das Lernwort wieder ab.

- Schau auf deinem Bildschirm, wie viele Buchstaben du dort siehst.

- Schau dir das Wort noch ein- oder zweimal für jeweils zwei Sekunden an.

Rückwärts zählen!
Jetzt kommt noch eine wichtig Anweisung, die dir hilft, gesehene Wörter auf deinem Bildschirm zu speichern, ohne dass du sie auf deiner Kassette speicherst.

Bevor du beginnst, das Kobrablatt wegzuschieben, um das Wort anzuschauen, beginn laut von 30 rückwärts zu zählen. Bist du in der zweiten Klasse, kannst du auch von 20 rückwärts zählen. Das hilft, dass deine Kassette im Kopf mit Zählen beschäftigt ist, während deine Augen das Wort abfotografieren und du es auf deinem Bildschirm speicherst. Dies verhindert, dass du dir das Lernwort innerlich vorsagst und auf deiner Kassette speicherst und dabei vergisst, es dir auf deinem Bildschirm zu speichern.

4. Die praktische Umsetzung der NRM

Du willst es dir bildlich in deinem Kopf vorstellen, um es fehlerfrei schreiben zu können!

Das Laut-Zählen brauchst du nur so lange, bis du merkst, dass du Lernworte, die du dir im Buch oder Heft anschaust, auch wirklich auf deinem Bildschirm speicherst und nicht auf deiner Kassette.

Du kannst dich auch beim Zählen verzählen, das macht gar nichts. Konzentrier dich bitte mehr auf das Abfotografieren als auf das Zählen. Dass du dir die Lernworte in deinem Kopf vorstellst, ist das, was du lernen willst; das Zählen ist nur ein „Stützrad" – wie beim Fahrradfahrenlernen: kannst du das Gleichgewicht halten, brauchst du die Stützräder nicht mehr. Bist du sicher, dass du Lernwörter, die du im Buch, Heft oder an der Tafel siehst, trotz Vorsagens auf deinem Bildschirm abfotografierst und dort speicherst, kannst du das Zählen einstellen. Es ist dann auch okay, wenn du dir das Wort leise vorsagst, während du es dir in deinem Kopf abfotografierst.

Um Wörter sicher auf deinem Bildschirm zu speichern, ist es sehr, sehr wichtig, dass du dir am Anfang dieser Übung das Wort, das du anschaust, nicht vorsagst, sondern nur abfotografierst und sicher als Wortbild speicherst.

Das Lernwort bildhaft vorstellen

- Beginn, bevor du das Wort aufdeckst und es dir anschaust, laut von 30 rückwärts zu zählen.

- Dann deck das Wort auf, schau es dir für zwei Sekunden mit dem Kobrablick an (also alle Buchstaben gleichzeitig sehend), deck es wieder zu, halt den Kopf gerade, schau mit offenen oder geschlossenen Augen in Nasen- oder Stirnhöhe.

- Stell dir das Lernwort auf deinem Bildschirm vor.

4. Die praktische Umsetzung der NRM

- Kannst du noch nicht alle Buchstaben vor dir sehen? Dann schau es dir wieder an, jeweils nur für zwei Sekunden, jedoch sooft du es brauchst, bis du es ganz vor dir sehen kannst!

Das Lernwort in die Luft schreiben

Das Wort in die Luft schreiben

Das Wort mit dem Zeigefinger der Schreibhand in die Luft schreiben.
Mit geschlossenen oder offenen Augen. So siehst du es innerlich vor dir.

- Hast du dir das Wort dreimal angeschaut, beginn, es mit dem Zeigefinger deiner Schreibhand in die Luft zu schreiben. Du brauchst dafür noch nicht alle Buchstaben vor dir zu sehen. Schreib einfach mal die in die Luft, die du schon klar und deutlich vor dir sehen kannst. Denk dran: Benutz dafür deine Augen, deinen Bildschirm. Stell dir die Buchstaben, die du gesehen hast, vor. Schreib nur die hin, die du wirklich vor dir siehst. Sag dir bitte keine Buchstaben oder das Wort vor, und schreib es bitte nicht so, wie du es dir vorsagst. Es geht vielmehr darum, dass du die Buchstaben vor dir siehst! Üb dies so lange, wie du brauchst, bis sich dein Denken umgeschaltet hat. Aber bitte sag dir nicht vor und schreib nichts, ohne dass du dir die Buchstaben vorstellst. Funktioniert es,

4. Die praktische Umsetzung der NRM

folg der weiteren Beschreibung. Funktioniert es noch nicht, mach eine Pause, mach die Entspannungsübung und beginn noch mal von vorn.

- Beginn, mit dem letzten Buchstaben in die Luft zu schreiben,
- dann kommt der vorletzte und so weiter, bis zum ersten Buchstaben.
- Stell dir alle Buchstaben geschrieben vor.

Das Lernwort buchstabieren

- Kannst du das ganze Wort vor dir sehen? Dann buchstabier dir oder einem Elternteil oder dem Lernbegleiter das Wort, das du dir vorstellst, laut vor.
- Beginn wieder mit dem letzten Buchstaben,
- fahr fort mit dem vorletzten ... bis zum ersten,
- danach nenn den zweiten Buchstaben von vorn,
- jetzt nenn den zweiten von hinten und
- benenn die Buchstaben, die links und rechts neben einem mittleren Buchstaben stehen.

Selbstkontrolle

- Kontrollier das buchstabierte Wort selbst im Buch/Heft.
- Hast du Buchstaben vergessen oder dir falsch vorgestellt? Dann korrigier die fehlenden Buchstaben auf deinem Bildschirm im Kopf, bis du das ganze Wort fehlerfrei vor dir siehst.

4. Die praktische Umsetzung der NRM

- Buchstabier dann das Lernwort noch mal von hinten laut vor.
- Siehst du das Wort fehlerfrei vor dir?

Nein? Dann beginn noch mal von vorn damit, das Lernwort zu erfassen. Wenn du dreimal scheiterst, brauchst du eine kurze Pause.

Ja? Prima, dann weiter!

Das Lernwort geschrieben vorstellen
- Bevor du das Wort aufschreibst, ist es sehr wichtig, dass du dir alle seine Buchstaben klar und deutlich auf der Schreiblinie im Heft vorstellst.

Das Wort auf dem „Bildschirm" im Kopf sehen

Alle Buchstaben des zu schreibenden Wortes gleichzeitig deutlich auf dem „Bildschirm" im Kopf sehen.

4. Die praktische Umsetzung der NRM

- Für dich muss das Wort quasi schon auf der Linie im Heft stehen, obwohl du es noch gar nicht hingeschrieben hast.

- Erst wenn du alle Buchstaben des Wortes auf der Schreiblinie im Heft klar und deutlich vor dir sehen kannst, dann schreib das Wort hin.

Der Grund dafür ist einfach: Verlierst du das Wortbild beim Hinschreiben, kommt die Kassette und sagt dir das Wort vor, das du schreiben willst. Überleg: Ist es sinnvoll, dass dir deine Kassette sagt, wie das Wort geschrieben wird? Kann die Kassette die Buchstaben sehen? Kann sie erkennen, ob das Wort richtig geschrieben ist?

Nein, das kann sie nicht. Dafür ist es nötig, dass du dir das Wortbild klar und deutlich auf der Linie vorstellen kannst; dann schreibst du

Das Wort auf der Schreiblinie vorstellen

Vor dem Aufschreiben des Wortes alle Buchstaben klar und deutlich auf der Schreiblinie vorstellen und erst dann hinschreiben.

4. Die praktische Umsetzung der NRM

fehlerfrei. Hast du in einem Diktat oder einem anderen Test Fehler, hast du vergessen, dir das Wort vorzustellen, und es wieder so geschrieben, wie du es dir vorgesagt hast.

- Kannst du es nicht auf der Schreiblinie sehen? Dann stell dir das Wort noch einmal auf dem Bildschirm vor und versuch anschließend erneut, es dir auf der Schreiblinie vorzustellen. Findest du es auch nicht mehr auf deinem Bildschirm, dann schau es dir noch mal im Buch an und präg es dir noch mal nach der beschriebenen Methode ein. Nimm dir Zeit; das erste Wort nach dieser Methode zu lernen und zu schreiben, dauert die Zeit, die du dafür brauchst. Das zweite Wort wirst du in der Hälfte der Zeit fehlerfrei lernen. Nach etwa zehn Wörtern, die du korrekt nach der Methode gelernt hast, kannst du dir Wörter wahrscheinlich schon innerhalb von ein bis zwei Sekunden fehlerfrei bildhaft einprägen und schreiben. Spätestens dann wirst du merken, dass alles schneller und mit weniger Fehlern geht als mit deiner alten Lernmethode (Wörter vorsagen und schreiben, wie du sie dir vorsagst).

Das Lernwort aufschreiben

- Siehst du alle Buchstaben des Wortes in deiner Vorstellung deutlich auf der Schreiblinie? Ja? Dann schreib es hin!

Kontrolle des geschriebenen Lernwortes

- Vergleich das aufgeschriebene Wort mit dem Wort im Buch/ Heft, ob es korrekt geschrieben ist.

- Bitte tu dies zuerst selbst. Nutz dafür den Kobrablick. Schau alle Buchstaben des Wortes im Buch auf einen Blick an und vergleich sie mit dem geschriebenen Wort, das du auch mit dem Kobrablick anschaust.

- Hast du es richtig geschrieben?

4. Die praktische Umsetzung der NRM

Selbstkorrektur

Das Kind korrigiert das Geschriebene zunächst selbst.

Ja? Dann lass es von jemand anders kontrollieren.

Ist es falsch geschrieben? Dann bessere das Wort auf deinem Bildschirm aus und beginn noch einmal damit, es dir auf der Schreiblinie vorzustellen und es dann hinzuschreiben.

4. Die praktische Umsetzung der NRM

4.5 Die Aufgaben der Eltern und Lernbegleiter

4.5.1 Richtig korrigieren

Eltern überprüfen

Eltern korrigieren erst, nachdem das Kind selbstständig korrigiert hat. Fehler zunächst nicht benennen, sondern nur bitten, den Text nochmals zu überprüfen.

Es ist ganz wichtig, dass das Kind das Geschriebene zunächst selbst korrigiert. Findet es seine Fehler nicht von allein, dann sollten Sie ihm bitte nicht von sich aus sagen, was falsch ist oder wie das Wort richtig geschrieben wird. Teilen Sie ihm vielmehr erst einmal nur mit, dass etwas nicht richtig ist, und bitten Sie es, seinen Fehler zu finden. Kinder finden in der Regel die Fehler selbst. Sollte das Kind nach zweimaligem Versuchen seinen Fehler nicht finden, dann zeigen Sie ihn ihm und beginnen den gesamten Lernprozess für das falsch geschriebene Wort nochmals von vorn.

Ist das Wort richtig geschrieben, freuen Sie sich bitte erst einmal mit dem Kind und feiern Sie kurz diesen Erfolg. Nach einer kurzen Pause können Sie dann zum nächsten Wort übergehen.

Mit jedem Wort wird die Lernzeit in der Regel um die Hälfte kürzer. Das Ziel ist, dass das Kind ein Wort von vier bis acht Buchstaben auf einen Blick in ein bis zwei Sekunden erfasst, vor seinem geistigen Auge klar und fehlerfrei vor sich sieht und speichert. Dieses wird es dann zügig und fehlerfrei rückwärts buchstabieren und in einem Zug in deutlicher Schrift ins Heft schreiben können.

4.5.2 Zuversicht zeigen

Um das Kind in seinem Lernprozess zu unterstützen, vermeiden Sie bitte Aussagen wie: „Das ist schwer" oder „Das könnte ich nicht". Solche Aussagen demotivieren. Das Kind braucht ein ausgeglichenes und unterstützendes familiäres Umfeld. Der neue Lernprozess ist besonders am Anfang sicher eine Herausforderung für Ihr Kind. Umso wichtiger ist es, dass Sie ihm volles Vertrauen und Zuversicht schenken, auch wenn Sie zunächst glauben, dass Sie selbst dies nie oder nur sehr schwer hinbekommen würden. Lassen Sie sich von den Fähigkeiten Ihres Kindes in Bezug auf Gesehenes überraschen.

Denn es ist eine Tatsache, dass Ihr Kind das bildhafte Speichern von Wörtern und Lernstoff schneller lernt als ein Erwachsener. Eltern, die die Methode gemeinsam mit ihrem Kind erlernen wollen, sollte bewusst sein, dass Erwachsene normalerweise wesentlich länger als Kinder brauchen, um ihre Denkstrategie zu erweitern.

4. Die praktische Umsetzung der NRM

Ein Grundschulkind ab der zweiten Klasse schafft es in der Regel, sich bei mir bereits in der ersten Einzelförderung von anderthalb Stunden Wörter von sechs bis acht Buchstaben vor seinem geistigen Auge klar und deutlich vorzustellen. Solche Wörter kann es dann auch zügig rückwärts buchstabieren und fehlerfrei schreiben.

Dem begleitenden Elternteil gelingt dies meist nicht in der ersten Sitzung. Eltern, die selbst Probleme mit der Rechtschreibung haben, benötigen in der Regel eine deutlich längere Zeit. Ein wesentlicher Grund dafür ist, dass ihr Lernstil, den sie zur Rechtschreibung benutzen, meist der auditive ist, das heißt, sie sagen sich wahrscheinlich das Wort vor, ohne es sich klar und deutlich in ihrem Kopf vorstellen zu können. Dieser Denkprozess ist bei Erwachsenen schon tief eingeprägt, und der neu zu lernende bildhafte Lernstil, der über Jahrzehnte nicht genutzt wurde und brachlag, ist infolgedessen verkümmert und muss erst mühsam wieder geübt werden.

Die meisten Erwachsenen müssen für das Erlernen der neuen Methode viel Zeit und Kraft aufbringen, während Kindern dies in weitaus kürzerer Zeit gelingt. Daher noch einmal meine Bitte: Äußern Sie Ihrem Kind gegenüber nie, wie schwer Ihnen die Anwendung der neuen Methode fällt! Sie suggerieren ihm sonst, dass das auch für es selbst mit großer Anstrengung verbunden sein muss. Und auf diese Weise machen Sie es ihm dann tatsächlich schwerer, die neue Denkstrategie zu üben. Denn in kritischen Momenten wird es sich möglicherweise einbilden, die Aufgabe sei zu schwer, und aufgeben, statt weiterzumachen.

Die Motivation durch die Eltern ist besonders wichtig, weil das Kind in der Schule oft mit Unterrichtsmethoden konfrontiert ist, die ihm das Lernen nicht erleichtern. Aus einem familiären Umfeld, das Zuversicht ausstrahlt sowie Unterstützung und Rückhalt signalisiert, kann das Kind Kraft schöpfen.

4.5.3 Eine kooperative Eltern-Kind-Beziehung

Die nachfolgenden Ratschläge gelten für die Verbesserung der Leistungen in allen Unterrichtsfächern, nicht nur für die Verbesserung des Lesens und Schreibens, um die es in diesem Buch geht.

- Wichtig ist, dass Ihr Kind motiviert und ausgeruht ist, um sich die neue Lernstrategie anzueignen – dann funktioniert das schnell und nachhaltig.

- Hat es keine Lust, ist es müde oder lernt es nur, weil Sie das wollen, dann stehen die Chancen schlecht, dass es sich die neue Denkweise aneignen will und kann.

- Das Kind übernimmt die Eigenverantwortung für Hausaufgaben und Lernen. Dafür ist es notwendig, dass Sie gemeinsam mit dem Kind und im Konsens mit ihm verbindliche Richtlinien für regelmäßige Lernzeiten festlegen. Das schafft Klarheit und erspart Diskussionen.

- Für die Gestaltung der Nachmittage erstellen Sie gemeinsam einen schriftlichen Wochenplan mit festen Tagesordnungspunkten (Hausaufgaben/Lernen, Spielen, Termine, Mittag- und Abendessen, Familienzeit).

- Für alle gemeinsam getroffenen Vereinbarung, die Ihr Kind betreffen, macht dieses *zuerst eigenständig* Vorschläge. Sie sollten darauf achten, dass Ihr Kind wirklich selbstständig seine eigenen Vorstellungen einbringen kann und es nicht Sie sind, die von vornherein die Richtung vorgeben. Sonst passiert es leicht, dass das Kind die Vereinbarung zwar abnickt, aber sich später nicht authentisch mit ihr identifiziert und sie daher auch nicht einhält.

- Hat das Kind seine Vorschläge eingebracht, bringen Sie Ihre Vorstellungen und festen Termine ein. Gibt es Abweichungen zwischen den Vorstellungen des Kindes und Ihren eigenen, ist es wichtig, gleichberechtigt weiter zu verhandeln, bis eine Lösung gefunden ist, zu der alle 100 Prozent ja sagen. Dann wird das Kind sich nach meinen Erfahrungen an den im Konsens beschlossenen Plan halten. Wenn Sie manipulieren, werden Sie merken, dass Vereinbarungen vom Kind nicht zuverlässig eingehalten werden. Legen Sie den Zeitplan daher unbedingt im Konsens fest. Natürlich braucht das Kind eine Uhr oder einen Wecker, um seinen Zeitplan eigenständig einzuhalten.

- Treffen Sie Vereinbarungen immer zeitlich begrenzt, zunächst für eine Woche. Kommen Sie danach wieder im Familienkreis zusammen und besprechen Sie gemeinsam, was funktioniert hat. Das gilt es zu feiern! Erarbeiten Sie dann die Teile der Vereinbarungen neu, die noch nicht funktionieren, und verhandeln Sie nach obigem Muster, bis Sie im Konsens eine Lösung gefunden haben. Vereinbaren Sie das Ergebnis wiederum für eine Woche. Führen Sie diesen Ablauf zu jedem Thema so lange fort, bis alle Beteiligten merken, dass die Vereinbarungen von selbst laufen, ohne dass es noch Redebedarf gibt.

Gebe ich in den Einzelsitzungen Eltern die Anweisung, dem Kind die Eigenverantwortung für das Lernen und seine schulischen Leistungen zu übergeben, höre ich von einigen Müttern immer wieder folgende Bedenken: *„Wenn ich meinem Kind die Eigenverantwortung fürs Lernen übergebe, lernt es gar nicht; dann würde es nur spielen oder spät abends schnell noch die Hausaufgaben hinhuschen"; „Das kann ich nicht verantworten, da lernt mein Kind nicht, und die Schule gibt mir die Schuld, dass ich mein Kind nicht auffordere, ordentlich die Hausaufgaben zu machen"; „Ich muss mein Kind immer wieder anhalten, zwingen oder belohnen, damit es lernt."*

4. Die praktische Umsetzung der NRM

Ich erkläre dann, dass Kinder langsam, alters- und entwicklungsgemäß, Verantwortung für ihr Lernen übernehmen sollten, wollen und auch können. Am Anfang schauen mich die Eltern dann ungläubig an. Halten sie sich jedoch genau an die gegebenen Anweisungen, sind sie meist selbst überrascht, dass ihr Kind doch willig und fähig ist, Eigenverantwortung zu übernehmen, und die getroffenen Vereinbarungen zuverlässig einhält.

Merke ich bei Beginn der Einzelsitzung, dass das Kind keine Lust hat, mitzuarbeiten, höre ich sofort mit der Lernförderung auf oder beginne erst gar nicht damit. Ich mache ihm klar, dass ich nur Kinder unterstütze, die diese Unterstützung auch wollen, und stelle ihm frei, wieder zu gehen. Schon allein dieses Verhalten verblüfft viele Kinder, da Sie meist denken, sie müssten jetzt lernen.

Ich mache dem Kind und seinen Eltern klar, dass es sinnlos ist, die neue Lernstrategie zu vermitteln, wenn es sich weigert, diese zu lernen, oder so tut, als ob es dabei wäre, innerlich jedoch abgeschaltet hat.

Das ist für das Kind, seine Eltern und mich frustrierend, und die Versuchung ist groß, zu glauben, die Methode funktioniere nicht oder das Kind sei nicht fähig, sie zu erlernen. Beides trifft nicht zu; die Methode funktioniert, und das Kind ist fähig, sie zu lernen. Doch aus irgendeinem Grund will es sie in diesem Moment nicht erlernen. Also stoppe ich die Lernförderung, wechsle mit dem Kind und seinen Eltern von der Lese- und Rechtschreibförderung zu einer Familienberatung und thematisiere die oben genannten Punkte.

Viele Mütter glauben, ihr Kind bekomme, wenn es in der Schule Vieren schreibt, später keinen guten Beruf. Das stimmt in der heutigen Zeit nachweislich noch weit weniger als noch vor zehn Jahren, und damals stimmte es schon weniger als in noch früheren Zeiten. Es gibt zahlreiche Untersuchungen, dass Menschen, die keine guten Schüler waren oder sogar die Schule abgebrochen

4. Die praktische Umsetzung der NRM

haben, im Leben oft besser klarkommen als gute Schüler oder Überflieger. Vorausgesetzt, sie haben keine psychischen Schäden davongetragen.

Viele Mütter glauben auch, sie seien keine gute Mutter oder ihre Erziehung sei gescheitert, wenn ihr Kind in der Schule keine guten Noten erreicht. Und so üben sie massiven Druck auf das Kind aus oder überbemuttern es, um ihr schlechtes Gewissen zu beruhigen. Es ist natürlich irrwitzig, mütterliche Qualitäten oder Erziehungskompetenzen an den Schulerfolg zu knüpfen.

Fatal für das Selbstbewusstsein und die psychische Gesundheit des Kindes ist, wenn es beginnt, sich einzubilden, dass die Stimmungen der Eltern von seinen schulischen Leistungen abhängig seien: dass es seiner Mutter emotional schlecht gehe, wenn sein Verhalten und die Noten nicht ihren Vorstellungen entsprächen; dass die Mutter nur dann „gut drauf" sei, wenn es gute Noten nach Hause bringe. Das Kind beginnt dann, sich für die Stimmungen und das psychische Wohlergehen der Eltern verantwortlich zu fühlen. Dies hat gravierende psychische Folgen für das Kind, die sich lebenslang auswirken und sein Leben weitaus negativer beeinflussen können als schlechte Zeugnisse oder ein schlechter Schulabschluss.

Um das Selbstvertrauen des Kindes zu stärken, ist es wichtig, durch Fragen die folgenden Punkte zu klären:

- Wenn du selbst entscheiden könntest, würdest du dann ohne Hausaufgaben in die Schule gehen?

Die Antwort, die ich von fast jedem Kind höre, lautet: *„Nein, will ich nicht, da bekomme ich nur Ärger in der Schule, muss eventuell nachsitzen, oder es hat andere Konsequenzen, das will ich nicht. Ich habe zwar oft keine Lust, Hausaufgaben zu machen, möchte lieber mehr spielen, doch ich weiß, dass ich die Hausaufgaben machen muss."*

4. Die praktische Umsetzung der NRM

- Willst du selber entscheiden, wann du die Hausaufgaben machst?

„Ja, ich will nicht, dass meine Mutter mir vorschreibt, wann ich meine Hausaufgaben machen soll und wann und was ich noch zusätzlich lernen soll." Einige Kinder sagen auch: *„Ich finde es zwar irgendwie okay, dass sie mich daran erinnert, denn von alleine habe ich oft keine Lust, aber eigentlich will ich selbst bestimmen, wann ich meine Hausaufgaben mache. Meinen Tagesablauf am Mittag würde ich mir, wenn ich könnte, anders gestalten."*

- Hast du Interesse, mit deiner Mutter jetzt hier eine Vereinbarung zu treffen, wie du dir deinen Nachmittag gestaltest? Zu welcher Zeit und wie lange du Hausaufgaben machen wirst, wann und wie lange du spielen wirst? Würdest du dafür jetzt erst mal deine Vorstellungen mitteilen, wie es für dich ideal wäre, und dies dann mit den Terminen und Verpflichtungen deiner Mutter abstimmen?

Die Antwort ist fast einhellig: „Ja!" Selten kommt auch mal ein „Nee, meine Mutter soll mich daran erinnern, ich bin zu faul, ich kann das nicht." Bei näherem Nachfragen ist es dann jedoch meist eine Unsicherheit, die Eigenverantwortung zu übernehmen, da dem Kind bisher mehr oder weniger immer vorgeschrieben worden ist, wann es was machen soll, und so hat es noch keine echte Erfahrung, eigene Entscheidungen zu treffen.

Natürlich haben Eltern nur das Beste für ihr Kind im Sinn, wenn sie ihm Entscheidungsvorschläge machen. Sie fragen es ja auch, ob es mit dem Vorschlag einverstanden ist. Aber dazu kann das Kind nur Ja oder Nein oder „Weiß ich nicht" sagen. Damit wird es sich nicht zu einem eigenständig denkenden und die Verantwortung für sich selbst übernehmenden Menschen entwickeln. Solange die Eltern vordenken, vorschreiben und als Erste Vorschläge machen, was wohl für das Kind am besten sei, wird es nicht dazu kommen, selbst Verantwortung zu übernehmen.

4. Die praktische Umsetzung der NRM

Kinder reagieren auf diesen Erziehungsstil entweder mit Rebellion, indem sie sich auflehnen, oder mit Unterordnen, indem sie mehr oder weniger zu allem Ja sagen, dabei aber die Vereinbarungen, die ihnen nicht passen, nicht einhalten.

Eltern sind dann enttäuscht, weil das Kind doch Ja zu der Entscheidung, die allerdings meist eine Forderung gewesen ist, gesagt hat. Kinder sind von ihren Eltern abhängig und trauen sich so oft nicht, ihnen zu widersprechen. *„Meine Eltern finden immer wieder Argumente, warum das, was sie beschlossen haben, für mich gut ist, obwohl ich gesagt habe, dass mir das so nicht passt"*, sagt der achtjährige Julian[2] zu mir, als wir über das Thema Mitspracherecht sprechen.

Eine Verweigerungshaltung ist dann oft für das Kind die einzige Möglichkeit, um anzuzeigen, dass es sich übergangen fühlt.

Oft höre ich auch: *„Mein Kind ist noch zu klein, um Eigenverantwortung zu übernehmen."* Kinder ab der zweiten Klasse sind nach meiner langjährigen Erfahrung fähig, zu äußern, wann sie was am Nachmittag machen wollen. Sicherlich brauchen sie dafür noch Unterstützung und werden auch noch Entscheidungen treffen, die sich dann als nicht effektiv herausstellen, und diese korrigieren. Doch das Kind braucht den Freiraum, selbst zu entwickeln, wie es seinen Tag einteilt – in Absprache mit dem Terminkalender der Eltern. Es braucht Sicherheit und Rückhalt, um verschiedene Variationen auszuprobieren, damit zu scheitern und neue zu wählen. Abträglich für die Entwicklung des Selbstwertgefühls ist es, Fehler zu kritisieren. Leider höre ich noch immer oft den Spruch: *„Siehst du, das habe ich dir doch gesagt, dass du das noch nicht alleine kannst."* Solche Sätze bewirken nur eines: den Verlust von Vertrauen in die eigenen Fähigkeiten.

---

[2] Diesen Namen, wie auch die folgenden, habe ich geändert.

4. Die praktische Umsetzung der NRM

Lernzeit – Mutterzeit

Die Mutter von Franziska, einer Schülerin der dritten Klasse, schildert Folgendes: *„Franziska will, dass ich die ganze Zeit bei den Aufgaben dabeisitze oder zumindest in der Nähe bin. Die Hausaufgaben macht sie am Küchentisch oder im Wohnzimmer, sodass sie sicher ist, dass sie mich ständig um sich hat. Kaum hat sie mit den Hausaufgaben angefangen, fragt sie mich auch schon etwas, was sie in der Schule nicht verstanden hat. Zwischendurch steht sie auf und spielt oder „trödelt" einfach am Tisch rum. Die Hausaufgaben ziehen sich so über Stunden. Ohne ständiges Ermahnen geht fast gar nichts."*

Über die Jahre ist mir klargeworden, dass einige Kinder die Hausaufgabenzeit dazu benutzen, gemeinsam Zeit mit ihrer Mutter zu haben. Meist ist die Mutter so beschäftigt, dass das Kind einen Mangel an Aufmerksamkeit und Zuneigung empfindet. Die Mutter einmal eine Zeit ganz für sich zu haben, fehlt vielen Kindern. So nutzen sie die Hausaufgabenzeit, um sich Mutterzeit zu verschaffen.

Als ich dies Franziskas Mutter erklärte, war ihr schnell klar, dass sie wenig Zeit nur für Franziska zur Verfügung hatte, da sie noch weitere Kinder hatte und zudem berufstätig war.

Ich machte ihr bewusst, dass eine Mutter-Kind-Zeit für die gesunde psychische Entwicklung des Kindes sehr wichtig ist, und sagte ihr, dass ich die Erfahrung gemacht hätte, dass in Familien, in denen für diese gesorgt werde, die Hausaufgabenzeit wesentlich schneller und effektiver verlaufe.

Franziska und ihre Mutter vereinbarten daraufhin eine gemeinsame Zeit, nur für sie beide, nur zum Spielen oder Kuscheln; Schule oder sonstige Probleme sollten kein Thema sein, es sollte allein „Beziehungszeit" sein. Wie oft und wie lange das geschehen sollte, überlegte die Mutter zunächst für sich, wobei sie auf ihre Termine achtete.

4. Die praktische Umsetzung der NRM

Wichtig ist, dass Sie eine Zeit vereinbaren, die Sie auch zuverlässig und ohne andere Dinge im Kopf zu haben mit ihrem Kind verbringen können. Oft braucht es nur fünfzehn Minuten zwei-, dreimal die Woche.

Sind sie sich als Mutter klar, wie oft und wie lange sie dem Kind eine wirklich gemeinsame Zeit anbieten können, dann geben Sie ihm dies bekannt und bitten es, selbst zu entscheiden, an welchen Tagen und zu welcher Uhrzeit es diese Mutter-Kind-Zeit haben möchte. Versuchen sie ihrem Kind flexible Zeiten anzubieten, denn es braucht Ihre emotionale Zuwendung oft dann, wenn dies für den Erwachsenen nicht ersichtlich ist.

Klären sie mit Ihrem Kind auch, ob es einverstanden ist, Aufmerksamkeitszeit und Hausaufgabenzeit zu trennen.

Bei der nächsten Einzelförderung schilderte mir die Mutter begeistert, Franziska mache ihre Hausaufgaben jetzt in ihrem Zimmer und erledige selbstständig alles, was sie könne, und habe sie zu den vereinbarten Zeiten gerufen.

In den zwei Kuschelzeiten, die beide miteinander verbrachten, wurde viel gelacht, und mit ein paar Tränen in den Augen musste sie gestehen, dass ihr aufgefallen sei, wie weit sie sich von Franziska entfernt habe und wie viel Nähe und Vertrautheit jetzt wieder zwischen ihnen sei. Franziska erschien mir schon bald viel selbstsicherer und mehr ins sich ruhend.

Für Mütter ist es ebenso wichtig, sich Zeit für sich zu nehmen und ihrem (Schul-)Kind nicht unbegrenzt zur Verfügung zu stehen. Geben Sie ihm Zeiten bekannt, wann sie für Hausaufgaben oder Lernfragen zur Verfügung stehen und wann sie sich Zeit für sich nehmen, in der sie auch nicht gestört werden wollen. Wenn Sie immer verfügbar sind, ist das weder für das Kind noch für Sie gesund.

4. Die praktische Umsetzung der NRM

Denken Sie daran, dem Kind einen Wecker oder eine Uhr zur Verfügung zu stellen, sodass es ohne ihre Unterstützung weiß, wann was dran ist. Sie sind nicht die Uhr oder der Wecker Ihres Kindes.

Bitten Sie Ihr Kind, sich einen wirklich ruhigen Platz für die Hausaufgaben zu suchen, erst mit den Dingen zu beginnen, die es alleine kann, und dann erst Sie zu rufen und Sie um Ihre Unterstützung zu bitten, und zwar in der Zeit, die sie Ihrem Kind dafür zur Verfügung stellen. Kleiner Tipp: Wie es im Sport für unsere Muskeln gut ist, sich aufzuwärmen, ist es auch gut, das Gehirn „aufzuwärmen". Das heißt, mit leichten Aufgaben oder einer kurzen Rätselaufgabe zu beginnen. Anschließend kann das Kind mit anspruchsvolleren Aufgaben weitermachen. Danach kommen die noch anspruchsvolleren Aufgaben. Nach etwa 45 Minuten sollte es eine kurze Pause einlegen. Vielleicht führt es die Entspannungsübung durch und macht dann weiter. Zwischendurch sollte es ausreichend Flüssigkeit zu sich nehmen. Nach den zweiten 45 Minuten sollte es eine etwas längere Pause machen und sich über die schon erledigten Hausaufgaben freuen.

Klarheit über die Noten

Grundschulkinder wissen oft nicht, welche Noten sie brauchen, um den Übertritt in eine weiterführende Schule zu erreichen. Dies ist von Bundesland zu Bundesland verschieden. Ich beziehe mich hier auf Bayern, wo der Notendruck bereits in der zweiten Klasse beginnt. Bitte klären Sie Ihr Kind, nachdem es das erste Notenzeugnis erhalten hat, darüber auf, welche Note es im Übertrittszeugnis der vierten Klasse braucht, um auf eine weiterführende Schule zu kommen. Beobachten Sie bei jedem Halbjahreszeugnis gemeinsam die Notenentwicklung, sodass dem Kind dies mit jedem Schuljahr bewusster wird. Bleiben Sie realistisch: Falls es in der zweiten Klasse noch nicht überall Zweien hat, ist der Übertritt aufs Gymnasium noch möglich. Druck und Unsicherheit, die sie durch mangelnde Zuversicht aufbauen, sind weit eher abträglich als förderlich.

4. Die praktische Umsetzung der NRM

Erstellen Sie gemeinsam mit ihrem Kind einen schriftlichen Jahreskalender, in dem die Daten der Halbjahres- und Klassenabschlusszeugnisse der zweiten bis vierten Klasse eingetragen werden.

Setzen sie sich am Anfang jedes Schuljahres und Schulhalbjahres zusammen und besprechen Sie die Zielnoten für das nächste Halbjahr. Beziehen Sie dafür die letzten Noten und die Noten, die es für den Übertritt braucht, mit in die Überlegungen ein. Klären sie immer wieder neu, ob und welche Vorstellung das Kind hat, auf welche weiterführende Schulform es will. Welche Träume, Visionen, Vorstellungen hat es, und was will es nach der Schule machen? Klären Sie, mit welchem Schulabschluss es dies erreichen kann. Diese innere Einstellung des Kindes bestimmt unbewusst, welche Noten es zu erreichen versucht. Weichen diese von Ihren Vorstellungen ab, schaffen Sie unnötigen Schul- und Familienstress.

Bei der Bestimmung der Zielnote ist es sehr wichtig, das Kind zu bitten, die Note pro Fach zu benennen, die es sich ganz allein für sich vorstellen kann, erreichen zu können und zu wollen.

Hat das Kind das Gefühl, dass die Eltern gewisse Erwartungen bezüglich der Noten in bestimmten Fächern haben, dann wird es Ihnen wahrscheinlich eine Note sagen, von der es glaubt, dass sie Ihre Erwartungen erfüllt. Entspricht diese Note jedoch nicht der Note, mit der es für sich zufrieden ist, liegen Ihre Erwartungen also höher als die Ihres Kindes, entsteht ein Konflikt. Gibt es Ihnen zum Beispiel für das Fach Deutsch eine Zwei an, während es innerlich mit einer Drei zufrieden ist, wird sich über das Schuljahr wahrscheinlich herausstellen, dass es nichts freiwillig, motiviert und konzentriert für dieses Fach lernt, wenn es auf dem Notenschnitt Drei steht.

Sie als Eltern werden dann unzufrieden. Was hier im Vorfeld fehlt, ist das Vertrauen Ihres Kindes, Ihnen ehrlich, offen und authentisch zu sagen, dass ihm eine Drei reicht, und Sie als Eltern zu bitten, diese Note zu akzeptieren.

4. Die praktische Umsetzung der NRM

Ein typisches Verhalten, mit dem ein Kind die Erwartungen seiner Eltern befriedigen will, besteht darin, dass es äußert, es wolle jetzt Einsen im nächsten Zeugnis haben, obwohl es auf der Note Drei oder Vier steht.

Zum Thema Einser-Noten möchte ich Sie grundsätzlich bitten, diese Note vollkommen aus Ihrer Erwartung und der Ihres Kindes zu streichen. Einsen ergeben sich; diese anzustreben, macht nur völlig unnötigen Stress. Echte Einser-Schüler brauchen dafür nicht viel zu tun, denen ist es einfach gegeben. Lernstress aufzubauen, um Einsen zu erreichen, ist nach meinen Erfahrungen ungesund und weist auf ungeklärte familiäre Probleme hin.

Wichtig ist, dass Sie die Zielnoten klären. Dafür ist es notwendig, dass Sie mit Ihrem Kind einen echten Konsens zu den Noten finden und einen schriftlichen Notenplan erstellen. Bringen Sie den Notenplan zu Hause für sich und Ihr Kind gut sichtbar an. Vereinbaren Sie mit Ihrem Kind, dass es eigenständig alle Noten, die es über das Schuljahr erhält, einträgt, schriftliche wie mündliche. Anhand des Notenplans lässt sich dann jederzeit errechnen, auf welcher Note das Kind im Moment steht und ob es die Zielnote erreichen wird, oder welche Note es in den nächsten Tests braucht, um sie zu erreichen. Kinder in der zweiten, dritten Klasse brauchen möglicherweise Ihre Unterstützung, um die mündlichen Noten von der Lehrkraft zu erfahren. Lehrkräfte sind angewiesen, auf Anfrage jederzeit mitzuteilen, auf welcher Note ein Kind in welchem Fach im Moment steht.

Vor allem erhält das Kind mit diesem klaren schriftlichen Plan jederzeit einen Überblick, wo es steht, wo es hin will und was es dafür zu tun hat.

4. Die praktische Umsetzung der NRM

Ehrlichkeit braucht Sicherheit

Das erfolgreiche Erlernen der neuen Denkstrategie funktioniert am schnellsten und nachhaltigsten, wenn Ihr Kind Ihnen ehrlich sagt, ob es Probleme beim Erlernen hat. Ob es die Wörter schon bildhaft speichert oder sie sich noch im Kopf vorsagt. Hat es Angst vor Konsequenzen, wenn es hier noch Schwächen zeigt, wird es versuchen, diese zu verheimlichen. Doch das führt nur dazu, dass es im nächsten Diktat wieder Fehler schreibt. In einer vertrauensvollen Beziehung zwischen Kind und Eltern wird das Kind offen sagen, wenn es noch Probleme damit hat, das Wort deutlich vor seinem inneren Auge zu sehen. Dann kann das gemeinsam weiter geübt werden.

4.6 Das weitere Training mit der NRM

4.6.1 Regelmäßige Anwendung

Wenn das Kind die Methode erlernt hat, ist es wichtig, dass es sie gleich anwendet, damit sie sich festigt und so schnell wie möglich verselbstständigt. Dann wird zusätzliches Lernen überflüssig.

Die Methode sollte sofort bei den Hausaufgaben zum Einsatz kommen. Also die Lernwörter, die das Kind zurzeit in der Schule lernt und die wahrscheinlich im nächsten Diktat vorkommen, nach dieser Methode üben und in einem Übungsdiktat abfragen. Dazu gehört auch, dass Sie nach der Schule die neu gelernten Wörter abfragen, indem Sie diese rückwärts buchstabieren und (vorwärts) aufschreiben lassen.

Wichtig ist, dass das Kind die Methode auch in der Schule im Sprachunterricht anwendet, und zwar, indem es die Wörter und Stück für Stück den gesamten Lernstoff im Buch oder an der Tafel bildhaft in seinem Gehirn speichert.

4. Die praktische Umsetzung der NRM

4.6.2 Bekannte Lernwörter neu einprägen

Aller Lernstoff, der für die schriftlichen Noten von Bedeutung ist, wie die Lernwörter oder Vokabeln, und der vor dem Erlernen der neuen Denkstrategie in der Schule vermittelt wurde, muss noch einmal überarbeitet werden. Der Grund dürfte einleuchten: Das Kind hat ihn fehlerhaft, da auditiv gespeichert. Das bedeutet für die Grundschule, dass das Kind, alle Wörter – besonders die regelmäßig falsch geschriebenen – erneut in seinen Unterlagen anschauen und bildhaft auf dem Bildschirm in seinem Gehirn speichern muss. Nur dann kann es sie in Zukunft fehlerfrei schreiben und schließlich alle Lernwörter und die dazugehörigen Regeln beherrschen. Das Gleiche gilt für die Vokabeln und Regeln in Fremdsprachen in weiterführenden Schulen.

Folgendes Vorgehen empfiehlt sich: Besorgen Sie sich gemeinsam alle dafür notwendigen Schulbücher der vorangegangenen Schuljahre und arbeiten Sie den Stoff Stück für Stück nach der neuen Methode auf. Dafür eignen sich die Wochenenden und die Ferien (wenn das Kind die Bereitschaft dazu zeigt und gewährleistet ist, dass zum Spielen, Entspannen und Erholen genug Zeit ist). Beginnen Sie mit den Lernworten/Vokabeln, nehmen Sie sich dann die grammatikalischen Regeln vor und so weiter.

Das Kind ist selbst verantwortlich, ob es diese Fleißarbeit tun will. Ist die Bereitschaft dazu bei ihm vorhanden, unterstützen es die Eltern, indem sie den Lernstoff gemeinsam mit ihm in einem Übungstext zusammenstellen.

Das Kind entscheidet, wie viel Zeit es pro Tag oder Woche aufbringen will, um dies aufzuarbeiten. Es ist sinnvoller, eine feste Zeit als Lerneinheit zu vereinbaren als eine feste Menge Lernstoff, da das Kind in immer kürzerer Zeit immer mehr Wörter erlernt und seine Erfolge so schnell erkennt. Ein Zeitraum von 15–30 Minuten reicht. Wie oft pro Woche, ist davon abhängig, wie groß der Nachholbedarf ist und bis wann das Kind den aufzuarbei-

4. Die praktische Umsetzung der NRM

tenden Lernstoff fehlerfrei beherrschen will, um so möglichst bald seine Noten zu verbessern.

Fassen Sie die gelernten Abschnitte des Übungstextes vor jeder weiteren Lerneinheit in einem Übungsdiktat zusammen, das Sie dem Kind diktieren. Das Kind korrigiert dann das Diktat zuerst selbst, anschließend korrigieren Sie es nach. Die falsch geschriebenen Wörter/Vokabeln sollte es sich nochmals anschauen und bildhaft (als Wortbild) speichern. Beziehen Sie sie im nächsten Übungsdiktat wieder mit ein, bis es sie fehlerfrei schreibt.

Falls Ihr Kind innerhalb einer Übungszeit nach dreimaliger Wiederholung ein Lernwort oder eine grammatikalische Regel noch immer falsch buchstabiert/schreibt, ist es Zeit für eine kurze Pause (fünf bis zehn Minuten, Wasser trinken, Bewegung, Entspannung).

4.6.3 Automatisierung der neuen Lernmethode

Nach vier bis acht Wochen konstanten Anwendens in der Schule und zu Hause verselbstständigt sich dieser Prozess in der Regel im Denken des Kindes. Dann speichert das Gehirn die Wörter/die Grammatik/den Lernstoff automatisch bildhaft, ohne dass das Kind noch bewusst daran denkt oder die Methode bewusst anzuwenden braucht. Zusätzliches Lernen wird überflüssig. Die Hausaufgabenzeit und die Zeit zum Lernen verkürzen sich, und die Noten verbessern sich konstant.

5 Die NRM in Kleingruppen und Schulklassen

5.1 Vorannahmen für die NRM

Das folgende Kapitel dient der Unterstützung von Lehrkräften und Therapeuten zur Vermittlung der **NRM** in Kleingruppen und im Klassenverband.

Hierfür ist es wichtig, dass Sie einige Ihrer bisherigen Grundannahmen, Überzeugungen und Glaubenssätze über LRS überprüfen und bereit sind, sich auf Neues einzulassen, indem Sie diese Überzeugungen für einige Zeit ruhen lassen. Bitte lesen Sie hierfür auch das Unterkapitel 1.2 Gründe für eine LRS.

In meinen Ausbildungen und in meiner jahrzehntelangen Tätigkeit in Schulklassen und Einzelsitzungen habe ich erkannt, dass jedes Kind, das den Schulaufnahmetest bestanden hat, die Fähigkeit besitzt, die Rechtschreibung sicher zu erlernen und flüssig und fehlerfrei zu lesen.

Kinder, die in der Schule Probleme beim Erlernen des Lesens und Schreibens entwickeln, obwohl sie konzentriert, motiviert und willig sind, nutzen unbewusst einen Lernstil, der für das korrekte Erlernen des Lesens bekannter Wörter und des Schreibens (Orthografie, Schriftspracherwerb) ungeeignet ist.

Folgende Überlegung zum Unterricht erscheint mir wichtig: Wenn mit einer Methode zwar einige Kinder sicher lesen und schreiben lernen, andere aber nicht, kann es sein, dass diese Methode eben nicht für alle Kinder geeignet ist. Lehrkräfte sollten dies verstärkt beachten und ihre Methoden ihren Schülern anpassen und nicht umgekehrt.

5. Die NRM in Kleingruppen und Schulklassen

In diesem Kapitel erhalten Sie praktische Anleitungen, wie Sie Ihre Unterrichtsmethoden so erweitern können, dass Sie Kinder mit einem LRS-Risiko, sprich einem ineffektiven Lernstil, dabei unterstützen können, sicher lesen und schreiben zu lernen. Die hier vermittelten Konzepte sind für die Einzelarbeit ausgelegt.

Für Therapeuten, die in Kleingruppen arbeiten, und Lehrkräfte, die die **NRM** im Klassenzimmer einsetzen möchten, ist es nach meiner Vorgehensweise zunächst notwendig, zwei bis drei Kinder in Einzelförderungen nach den hier beschriebenen Anweisungen zur sicheren Rechtschreibung und zum flüssigen und fehlerfreien Lesen bekannter Worte zu führen. Darauf aufbauend können Sie dann das **NRM-Unterrichtskonzept** erlernen und mit mehreren Schülern oder einer ganzen Klasse erfolgreich umsetzen.

Das **NRM-Unterrichtskonzept** ist nicht Teil dieses Buches. Es wird in speziellen Aus- und Weiterbildungsseminaren vermittelt. In diesem Kapitel werden einige Teile daraus vorgestellt, mit denen Sie sich ausprobieren können. Um Kleingruppen oder Schulklassen zur sicheren Schriftsprachvermittlung zu führen, ist es nach meinen Erfahrungen allerdings notwendig, die Aus- und Weiterbildungsseminare zu besuchen. Das hier beschriebene Konzept ist das theoretische Fundament des **NRM-Unterrichtskonzepts**.

Familiäre, soziale oder sonstige Widrigkeiten im Umfeld des Kindes können sich sehr nachteilig auf die schulischen Leistungen auswirken, sind jedoch nicht die Ursache für Schwierigkeiten. Viele sichere Rechtschreiber sind mit den gleichen Widrigkeiten konfrontiert. Die Erfahrung, dass allein die Verbesserung des Lernumfelds automatisch zu einer wesentlichen Verbesserung im Lesen und Schreiben führen würde, habe ich bisher nicht gemacht. Die Nutzung eines effektiven Lernstils kombiniert mit einem ausgeglichenen Lernumfeld führen hingegen zu schnellen und anhaltenden Erfolgen.

5. Die NRM in Kleingruppen und Schulklassen

Die phonetische Vermittlung der Schriftsprache im Unterricht ist ungeeignet und fördert mehr, dass LRS entsteht, als dass das Kind fehlerfrei lesen und schreiben lernt. Auditive Lernstrategien sind für das Erlernen der Aussprache notwendig und werden zum Schreiben unbekannter, noch nicht gesehener Wörter genutzt. Für das Schreiben bekannter, bereits gesehener Worte ist eine visuelle Strategie sehr viel sinnvoller.

5.2 Anwendung in Gruppen und Schulklassen

5.2.1 Lernstilerkennung und lernen lernen

Wenn ich mit der ganzen Klasse zu arbeiten beginne, nenne ich den Unterricht: *„Deinen eignen Lernstil erkennen und lernen lernen".* Mithilfe eines speziell entwickelten, intelligenten Fragenkatalogs erkennen die Kinder selbstständig und indem sie sich selbst reflektieren, welche Denkstrategien sie zum Lernen nutzen und welche nützlicher wären.

Möchten Sie dies in Ihrer Klasse ausprobieren, dann fragen Sie die Schüler als Erstes, ob sie wissen, wo und wie sie Wörter, Zahlen und anderen Lernstoff in ihrem Denken speichern. Sie werden Sie wahrscheinlich mit großen, fragenden Augen anschauen. Eine klare Antwort können sie Ihnen meist nicht geben. An vielen Schulen fehlt das Unterrichtsfach „Lernstilerkennung und Lernen-Lernen" , das Kinder dabei unterstützt, sich bewusst zu werden, welcher Denkprozesse sie sich beim Lernen bedienen und wie sie effektive Lernstrategien erfolgreich nutzen können. Nur so aber ist Schulerfolg für alle Kinder möglich.

Schüler ab der zweiten Klasse sind nach meinen Erfahrungen fähig, im Klassenverband die Denkprozesse, die sie für schriftliche Leistungen nutzen, bewusst zu erkennen. Ebenso können sie mit dem **NRM-Unterrichtskonzept** die Denkstrategien derjenigen Kinder erforschen, die leicht und sicher lesen und schreiben, und erkennen, dass sie diese Denkstrategien auch selbst besitzen und ebenso erfolgreich nutzen können.

Ob und wie jeder einzelne Schüler dieses Wissen dann für sich nutzt, entscheidet er vollkommen frei selbst. Es wird nichts aberzogen oder umtrainiert, und es handelt sich bei der **NRM** um keine einseitige Lernmethodenvermittlung, sondern einen Prozess des Selbstbewusstwerdens und der persönlichen Lernstilerkennung.

Bei der Umsetzung des Konzepts in der Klasse werden Sie als Lehrkraft erkennen, dass diejenigen Kinder, die gute schriftliche Noten erzielen, ob im Schriftspracherwerb oder in anderen Bereichen, schnell herausfinden, dass sie primär eine visuelle Denkstrategie nutzen. Das heißt, dass sie den Lernstoff innerlich bildhaft speichern und von dort schriftlich reproduzieren. Für mündliche Abfragen rufen sie die Informationen primär ebenfalls dort ab.

Im dritten Schritt des Unterrichtskonzepts – *„Lerne die Denkstrategie zu nutzen, die Kinder mit guten schriftlichen Leitungen nutzen und von der du bemerkt hast, dass du sie auch besitzt"* – langweilen sich verständlicherweise diejenigen Kinder, die bereits von sich aus die nützliche Denkstrategie verwenden, nachdem sie in den beiden vorangegangenen ihre eigene Strategie als die nützliche erkannt haben.

Ganz anders ergeht es den Kindern in Ihrer Klasse, die in schriftlichen Arbeiten ausreichende bis mangelhafte Leistungen erzielen. Sie erkennen, dass sie zwar visuelle Denkstrategien besitzen, diese jedoch nicht oder nur bruchstückhaft nutzen.

Um diesen Kindern das bildhafte Speichern von Lernstoff erfolgreich zu vermitteln, benötigen Sie einige Lerneinheiten. Es ist

5. Die NRM in Kleingruppen und Schulklassen

allerdings wichtig, dass Sie Kinder, denen dies leichtfällt, unterdessen anderweitig beschäftigen.

Im nächsten Schritt werden Sie feststellen, dass nur noch einige Kinder Probleme haben, die **NRM** dazu zu verwenden, sicher rechtschreiben und flüssig lesen zu lernen. Dies dürften diejenigen sein, die in ihren schriftlichen Leistungstests bislang mangelhafte Ergebnisse erzielt haben. Diesen Kindern wird dann in Kleingruppen und Einzelförderungen geholfen, bis sie sich an die Leistungsstärke der Klasse herangearbeitet haben. Drei bis zehn Einzelsitzungen reichen in der Regel, damit ein Kind im nächsten schriftlichen Test seine Leistungen wesentlich verbessern kann.

Das Erlernen neuer Unterrichtsmethodiken benötigt Zeit, bis sich dauerhafte Erfolge zeigen. Lehrkräfte benötigen in der Regel vier bis fünf Wochenendseminare und eigene Erfahrungen aus ein bis zwei Schuljahren, um die gesamte Klasse zur sicheren Rechtschreibung und zum flüssigen und fehlerfreien Lesen zu führen.

Um die positiven Erfahrungen in den Einzelförderungen auf die Klassenraumsituation zu übertragen, benötigt es zusätzliche Fähigkeiten. Die folgenden Tipps geben Ihnen hierzu einen Einblick:

- Bestärken Sie die Kinder darin auszuprobieren. Sie können keine „Fehler" machen, es gibt keine Leistung zu erreichen, es ist ein reiner Selbsterkenntnisprozess. So wie Radfahren- oder Schwimmenlernen. Hat das Kind gelernt, sein Denken für das Lesen und Schreiben effektiv zu nutzen, automatisiert sich der Denkprozess, und es braucht kein weiteres Lernen mehr. Es glaubt sogar, es habe das schon immer so gekonnt.

- Nutzen Sie Ihre anderweitigen Erfahrungen und Ihre Kreativität, um das Konzept Ihren Fähigkeiten entspre-

5. Die NRM in Kleingruppen und Schulklassen

chend zu ergänzen. Für den Anfang empfehle ich Ihnen allerdings, sich möglichst genau an die vorgegebenen Abläufe zu halten, denn die geben Ihnen und den Kindern Sicherheit bei der erfolgreichen Umsetzung.

- Kontinuität: Arbeiten Sie das **NRM-Unterrichtskonzept** als Blockprojekt durch. Es über Wochen zu verteilen, frustriert die Kinder, da sich keine schnellen, sichtbaren Erfolge einstellen.

- Holen Sie ein Elternteil mit ins Boot, dem Sie praktische Anweisungen für die Hausaufgabenbetreuung geben.

- Hat das Kind gelernt, den neuen Lernstil erfolgreich anzuwenden, liegt es in seiner Eigenverantwortung, diesen auch zu nutzen und alten Lernstoff mit der neuen Lernstrategie nochmals zu überarbeiten.

- Streichen Sie das Wort „Fehler" aus Ihrem Wortschatz. Jedes Ergebnis, auch solche, die von dem abweichen, was Sie gerne hätten, sind wichtig Rückmeldungen, durch die sich der nächste Schritt oder neue Weg zeigt.

- Es unterstützt die Vermittlung der **NRM** sehr, wenn Sie vorher über einen längeren Zeitraum hinweg spielerisch Visualisierungsübungen durchführen.

5.2.2 Störungen vor Beginn auflösen

Bevor Sie mit dem Unterrichten beginnen, lösen Sie zuvor Aufgeregtheiten sowie kleine und große Probleme auf. Je entspannter und konzentrierter die Klasse ist, umso weniger Zeit benötigen Sie für das Einüben der neuen Denkstrategie. Machen Sie sich zum Grundsatz: Störungen haben immer Vorrang! Geht das entspannte

Lernklima verloren, unterbrechen Sie sofort das Unterrichten. Schaffen Sie erst wieder eine entspannte Lernatmosphäre, bevor Sie weitermachen. Beginnen Sie mit einer Phantasiereise, in der Sie auf das Erzeugen von inneren Bildern Wert legen.

5.2.3 Lehrerverhalten

Ihr Verhalten stellt für Ihre Schüler ein Modell des angestrebten Verhaltens dar. Für die Zeit der Vermittlung der **NRM** ist es sehr wichtig, dass Sie folgendes verbales und nonverbales Verhalten zeigen:

- Ruhiges Gesamtverhalten (das beinhaltet eine aufrechte Körperhaltung): stehen Sie ruhig und bewegen Sie sich langsam. Wenn Sie auf etwas zeigen, halten Sie Ihren Arm ruhig und schauen Sie dorthin, wohin auch die Schüler schauen sollen. Schauen Sie hingegen die Schüler an, werden diese ihre Aufmerksamkeit auf Ihre Person richten, jedoch nicht auf den Lernstoff an der Tafel oder auf dem vom Overheadprojektor oder Beamer erzeugten Lichtbild.

- Sauberes Schriftbild und gleichmäßige Stimmlage mit einem ruhigen Sprechrhythmus.

- Ihre Atmung beeinflusst den Atemrhythmus ihrer Klasse und damit die Aufgeregtheit oder das Entspanntsein der Schüler. Atmen Sie ruhig und tief in den Bauch.

- Nutzen Sie die Entspannungsübung in diesem Buch, bevor Sie zu unterrichten beginnen. Lassen Sie die Kinder am Anfang etwas Angenehmes aus ihrem Leben, das ihnen auch ein angenehmes Körpergefühl vermittelt, visualisieren.

- Klären Sie die Schüler über die Bedeutung einer aufrechten und geraden Körperhaltung für ein erfolgreiches

5. Die NRM in Kleingruppen und Schulklassen

Lernen auf. Vorausgehende Entspannungs-, Körper und Atemübungen bewirken eine solche Körperhaltung.

- Grundsätzlich ist es wichtig, dass Sie den Unterrichtsstoff zeigen (Tafel, Overheadprojektor, Beamer), statt über ihn zu reden. Reden Sie auch nicht über ihn, während Sie ihn zeigen! Geben Sie den Schülern ausreichend Zeit, um das Gesehene aufzunehmen, ohne dass Sie die Information parallel auditiv vermitteln.

- Um die Konzentration der Kinder auf das visuell auf der Tafel oder über den Beamer oder Overheadprojektor Präsentierte zu fokussieren, befreien Sie den Frontalbereich für diese Zeit von allen ablenkenden optischen Reizen.

- Lassen Sie die Schüler ihre Tische abräumen. Nur das für diese Unterrichtsphase notwendige Material sollte sich darauf befinden.

- Unterstützen Sie die Schüler dabei, die visuell präsentierten Informationen auch bildhaft zu speichern. Erinnern Sie sie zu diesem Zweck immer wieder daran, sich das Gesehene nicht innerlich vorzusagen, sondern es sich vorzustellen. Wenden Sie dafür die in diesem Buch genau beschriebenen Schritte an.

- Kontrollieren und korrigieren Sie immer wieder die Körperhaltung. Das aufrechte Sitzen, das allerdings bequem sein sollte, ist sehr wichtig. Längere Zeit aufrecht, ruhig und trotzdem entspannt zu sitzen, ist eine Voraussetzung, um leicht visualisieren zu können.

- Wählen Sie für den Beginn unbekannte Wörter mit sechs Buchstaben aus, die nicht lautgetreu sind. Es können auch

5. Die NRM in Kleingruppen und Schulklassen

Fremdwörter sein; ich nutze meist das Wort *daughter*, sofern es noch nicht bekannt ist. Nutzen Sie die Schrift, die auch in den Büchern verwendet wird, mit denen Sie unterrichten – manche verwenden Druckbuchstaben andere Schreibschrift. Die Kinder sind in jedem Fall gefordert und auch in der Lage, die unterschiedlichen Schriftarten in ihrem Denken umzuformen. Dabei hilft ihnen, wenn Sie sie immer wieder fragen: *„Wie siehst du es vor dir? In Druckschrift oder Schreibschrift? Wandle es jetzt bitte in deinem Kopf in die Schrift um, in der du es auch ins Heft schreibst, sieh das Wort erst klar und deutlich vor dir im Kopf und dann auf den Schreiblinien stehen, bevor du es hinschreibst."* Auch diese Abläufe können Sie aus dem vorliegenden Buch entnehmen und kreativ der Unterrichtsstunde anpassen.

- Es ist sinnvoll, danach Wörter aus dem aktuellen Lernwortschatz zu nehmen. Die ersten Wörter sollten für die Schüler positiv besetzt sein und sich in ihrer Bedeutung auf konkrete Gegenstände oder Vorgänge beziehen.

- Generell ist das Arbeiten mit dem Overheadprojektor oder Beamer effektiv, da Sie das Wortbild je nach Bedarf sichtbar machen oder verdecken können. Achten Sie auf die Lichtverhältnisse in Ihrer Klasse sowie eine ausreichende Größe des Schriftbildes, vor allem für die Schüler in der hinteren Reihe.

- Die Bedeutung der Wörter zu besprechen, ist natürlich wichtig. Hier kommt die Phonetik ins Spiel. Vermitteln Sie dem Kind jedoch bitte erst, das Wort fehlerfrei bildhaft zu speichern, und dann seinen Wortklang und seine Bedeutung. Sie können die Bedeutung natürlich auch bildhaft über den Beamer, Videos oder durch Surfen im Internet vermitteln.

5. Die NRM in Kleingruppen und Schulklassen

An dieser Stelle möchte ich auch auf das Buch „NLP & Rechtschreibtherapie. Praxishilfen für Unterricht und Therapie" von Klaus H. Schick verweisen, das ich zusätzlich benutze und aus dem ich an dieser Stelle noch ein paar hilfreiche Auszüge wiedergebe:

- *Indem Sie die Kinder Sätze bilden lassen, können Sie ihnen erleichtern, den Sinn der betreffenden Worte zu erfassen, und zudem überprüfen, ob sie ihn verstanden haben. In den beiden ersten Schuljahren empfiehlt es sich, zusätzlich mit dem konkreten Gegenstand, auf den Sie das Wort schreiben, zu arbeiten.*

- *Lassen Sie die Kinder die einzelnen Buchstaben und das gesamte Wort vorlesen und alles benennen, was ihnen auffällt: großer/kleiner Anfangsbuchstabe, doppelte Buchstaben, Unter- und Oberlängen, Buchstaben, die bei der Aussprache nicht zu hören sind, usw.*

Erfolgreiche Rechtschreibvermittlung im Vergleich

von Ralf Gerhardt

Legasthenietherapie und NRM

In diesem Aufsatz wird die herkömmliche Vorstellung zur Lese-Rechtschreib-Schwäche mit der **Nicolay-Rechtschreib-Methode®** kontrastiv betrachtet. Hierbei sollen Unterschiede und Gemeinsamkeiten zwischen den herkömmlichen Ansätzen und der neuen Sichtweise aufgezeigt werden. Darüber hinaus werden auch die Vorzüge der **NRM** herausgestellt. In diesem Rahmen kann allerdings nur ausschnittsweise auf die umfangreiche Legasthenieforschung eingegangen werden. Zu diesem Zweck setzen wir uns mit dem Aufsatz „Legasthenie" von C. Mann im „Taschenbuch des Deutschunterrichts" auseinander. Es handelt sich hierbei um ein Standardwerk in der Aus- und Weiterbildung für Deutschlehrer und -lehrerinnen.

Eine kurze Geschichte der Legasthenieforschung

Im Folgenden wird ein kurzer Überblick über die Geschichte der Legasthenieforschung gegeben, wobei es weniger um die historische Darstellung als um die Darstellung der unterschiedlichen Forschungsrichtungen geht.

Erfolgreiche Rechtschreibvermittlung im Vergleich

Liegt die Ursache im Kind?

Im 19. Jahrhundert entdeckten englische Ärzte die Legasthenie und sahen sie als Krankheit an. Als Ursache vermutete man, analog zu Hirnverletzungen, eine hirnorganische Schädigung. Aus dieser Zeit entstand vermutlich auch die Vorstellung, Legasthenie sei etwas, dessen Ursache im Kind liege. Heutzutage gilt dies als widerlegt, wobei auch ein moderner medizinischer Ansatz verfolgt wird, demzufolge Legasthenie mit genetischen Anlagen in Verbindung gebracht wird.

Mangelnde Intelligenz?

Von Beginn an war es ein Anliegen der Legasthenieforschung, schwache Begabung/mangelnde Intelligenz und Legasthenie auseinanderzuhalten. 1916 führte Ranschberg Experimente durch, durch die er Legasthenie von mangelnder Intelligenz unterscheiden konnte. Da es zahlreiche Erscheinungsbilder der Legasthenie gibt, definierte Lindner die Legasthenie als „[...] spezielle und aus dem Rahmen der übrigen Leistungen fallende Schwäche im Erlernen des Lesens (indirekt auch des selbstständigen orthographischen Schreibens) bei sonst intakter oder (im Verhältnis zur Lesefähigkeit) relativ guter Intelligenz."

Interessanterweise klammerte man äußere Umstände, mangelnde Übung, Einflüsse des Milieus und falsche Unterrichtsmethoden aus und ging davon aus, dass die Schwäche im Kind liege. Sie könne durch Vererbung, minimale Sehstörungen, minimale Störungen im akustischen Bereich und Ähnliches verursacht werden.

Diese Sichtweise wurde in der neueren Legasthenieforschung stark kritisiert und es entstanden neue Forschungsrichtungen.

Die neueren Forschungsansätze

Es lassen sich grob drei unterschiedliche Forschungsansätze unterscheiden, auf die im Folgenden näher eingegangen wird. Dies sind der entwicklungspsychologische, der lernpsychologische und der medizinische Ansatz.

Der entwicklungspsychologische Ansatz

Der erste Ansatz konzentrierte sich auf den persönlichen Entwicklungsstand des Kindes. Die Idee stammte aus der Entwicklungspsychologie und bezog sich auf die Entwicklung des betroffenen Kindes. Die Schrift wurde als ein eigenständiger Bereich angesehen, der nur bedingt Bezug zur Realität und Umwelt des Kindes habe. Man ging auch von einer Raumlagelabilität aus, in der das Kind links-/rechts-Unterscheidungen nur schwer treffen könne. Im Alltag sei dies nicht so schwerwiegend, da das Kind zum Beispiel den Henkel einer Tasse sehe und daher nicht daneben greife. In der Schrift können links und rechts jedoch einen deutlichen Unterschied darstellen, zum Beispiel bei „p" und „q" (Bogen nach links beziehungsweise rechts). Darüber hinaus sei auch die auditive Durchgliederung Teil der Entwicklung, und Kinder, die hier eine Schwäche aufwiesen, hätten in ihrer Entwicklung diese Stufe noch nicht erreicht. So könnten sie die Grapheme des Wortes nicht in die symbolisierten Phoneme transferieren. Gemäß dieser Sichtweise sei das betroffene Kind noch nicht soweit, das Prinzip der Buchstaben zu verstehen.

Als Ursache für die Schwäche wurde ein Entwicklungsrückstand angenommen, der mit zusätzlichen Lernimpulsen, Nachlernen und Übungen aufgeholt werden könne.

Erfolgreiche Rechtschreibvermittlung im Vergleich

Der lernpsychologische Ansatz

Der nächste Ansatz entstand aus dem Scheitern dieser Nachlernstrategie. Mithilfe der Lernpsychologie wurde erkannt, dass Kinder mit LRS in einem Teufelskreis aus Zurückweisung und Blockierung gefangen sind. Da dem Visuellen und schriftlichen Leistungen ein hoher Stellenwert beigemessen wird, reagiert die Umwelt sehr heftig auf die Defizite eines betroffenen Kindes. Durch diese emotionalen Reaktionen bekommt es Angst und blockiert. Zudem sucht es nach Vermeidungsstrategien. Dies hat weitere Konsequenzen, da durch die Einstellung zur Schriftsprache auch schriftsprachliche Strategien beeinflusst werden beziehungsweise sich negative Gefühle gegenüber der Schrift auch auf die Strategien übertragen. Durch die Feststellung der Legasthenie erfolgt, nach der lernpsychologischen Theorie, eine Entlastung für alle Beteiligten, und dem Kind kann aus dem Teufelskreis herausgeholfen werden.

Der medizinische Ansatz

Der medizinische Ansatz wiederum hält „echte" Legasthenie für nicht heilbar. Die Ursache wird in den Genen oder in einer anderen körperlichen Beeinträchtigung gesehen. Hierbei geht man von körperlichen Konstellationen aus, die das Erlernen der Schriftsprache erschweren. So hat A. Warnke in „Legasthenie und Hirnfunktion" dargestellt, dass Kinder eine Figur bei störender Umgebung nicht erkennen könnten und demzufolge die Wörter in einem Satz sich gegenseitig maskierten und vom Kind nicht erkannt werden könnten. Das synthetische Lesen scheitere.

Ein anderer Grund, weshalb trotz richtiger Lesestrategie das Rechtschreiben scheitert, wird in einer feinmotorischen Störung gesehen. Dadurch erfordere der Schreibprozess sehr viel Konzentration, und im Laufe eines längeren Textes bleibe dem Kind keine Kraft, um auf die Rechtschreibung zu achten, obwohl es über diesbezüglich gute Kenntnisse verfüge.

Legasthenie wird in der Folge zur Behinderung erklärt, um eine staatliche Förderung zu erhalten. Allerdings beeinflusst dies stark die kindliche Persönlichkeit. Die einzige Hilfe besteht nach herkömmlicher Sichtweise in der Einzelförderung durch Legasthenietherapeuten, die den Umgang mit der Krankheit/Behinderung erleichtern sollen (vgl. Mann: „Legasthenie"). Von diesem Ansatz distanziert sich H. D. Nicolay aufs Schärfste und glaubt, dass alle Kinder die Strategie guter Rechtschreiber erlernen können.

Die NRM im Kontrast zu herkömmlichen Ansätzen

LRS und Schriftspracherwerb

Für eine Gegenüberstellung zur **Nicolay-Rechtschreib-Methode®** bietet sich der kognitive Ansatz der Legasthenieforschung an. In ihm finden sich neben Unterschieden auch Gemeinsamkeiten und Ähnlichkeiten.

Die Stufen des Schriftspracherwerbs

Die kognitive Sichtweise beruft sich auf Arbeiten von Frith – etwa ihren Aufsatz „Unexpected Spelling Problems" – die sich mit dem Schriftspracherwerb auseinandersetzen. Sie fand heraus, dass sich der Erwerb in verschiedenen Stufen vollzieht. So lernten Kinder zu Beginn, die Wörter ganzheitlich zu erfassen. Die Schrift stelle für sie eine Bilderschrift dar. Auf der zweiten Stufe hingegen werde das Prinzip der Lautschrift eingeführt. Die Wörter würden gemäß ihrer Aussprache aufgeschrieben. Interessanterweise falle es den Schülern kurzzeitig schwer, ihren eigenen Namen zu schreiben, da sie ihn auf der vorherigen Stufe als Bilderschrift gelernt hätten und nun umlernten. Beim Lesen werde erst Buchstabe für Buchstabe und nach und nach Silben und schließlich das Wort gelesen. Auf dieser Ebene gehe es vor allem um lauttreue Wörter. Der Abschluss des Schriftspracherwerbs sei die Nutzung des orthografischen Schriftsystems, das nun für das Lesen und Schreiben genutzt werde. Hierbei beherrsche der Lerner die Grundlagen der deutschen Rechtschreibung und Grammatik und könne so auch nicht lauttreue Wörter oder Fremdwörter und vieles Weitere lernen, schreiben und lesen.

Übergang als Rückschritt?

Kinder mit einer LRS schafften nicht den Übergang von einer Stufe zur nächsten. Ursache für die Stagnation könne das Umlernen der bekannten Wörter auf der jeweiligen Stufe sein, die als Rückschritt erlebt werden könne. So könnten Kinder auf der ersten Ebene ihren Namen fehlerfrei schreiben, da sie ihn als Wortbild gespeichert hätten, wenn sie aber Stufe zwei erreichten und auf einmal mit Buchstaben schrieben, falle es ihnen zuerst schwer, ihren Namen wieder richtig zu schreiben.

Wortbildjäger, Buchstabensammler, Kontextspekulanten und die NRM

Gemäß den Stufen des Schriftspracherwerbs lassen sich drei Gruppen unterscheiden. Brüggelmann und Mannhaupt haben diesen drei Gruppen in „Lesen vor der Schule – Lesen in der Schule" treffende Bezeichnungen gegeben, die im Folgenden benutzt werden. Kinder, die am Prinzip der Bilderschrift festhalten, werden als Wortbildjäger bezeichnet. Sie hätten das Prinzip der Buchstaben noch nicht verinnerlicht, hielten an der Bilderschrift fest und stagnierten in ihrem Leseprozess. Beim Lesen erfassten diese Kinder das Wort auf einen Blick. Interessanterweise so, wie es später sichere Rechtschreiber und Leser auch tun. Aber meist würden die gelernten Texte auswendig gelernt. In dem Moment, wenn die Texte länger würden, scheitere diese Strategie. Es soll sich bei dieser Gruppe um eine sehr kleine Gruppe handeln (vgl. Mann: Legasthenie).

Die phonetische Lesestrategie als Ursache?

Bei dieser „Schwäche" arbeiten die Kinder mit einer visuellen Strategie, die auch Teil der **NRM** ist. Die Ganzwortmethode wird in der **NRM** sogar bevorzugt und Kindern nahe gebracht. Es handelt sich hierbei um den peripheren Blick. Dem Kind wird er als Kobrablick vorgestellt. Als Ursache für die LRS sieht die **NRM** die phonetische Lesestrategie des Erstleseunterrichts an. In der Schule werden die Wörter über den visuellen Kanal – die Grapheme an der Tafel oder auf dem Blatt – und den auditiven Kanal – die ausgesprochenen Phoneme – vermittelt. Es geht nicht um ein Ablehnen der Phonetik im Sprachunterricht; allerdings wird die phonetische Strategie, bedingt durch die fehlende Lauttreue der deutschen Sprache, als nicht hilfreich für das Schreiben gesehener bekannter Wörter angesehen. Bei der Einführung neuer Wörter aber ist sie durchaus wichtig und sogar notwendig. Beim Fremdsprachenlernen greift man ebenfalls bei unbekannten Wörtern auf sie zurück.

Arbeitsteilung zwischen auditivem und visuellem Speicher

Für bekannte Wörter, die das Kind gehört und gesehen sowie visuell und auditiv gespeichert hat, hält die **NRM** für das Schreiben den visuellen Speicher, in der Methode vereinfacht als „Bildschirm" bezeichnet, für angemessen, während sie für das Aussprechen der Wörter den auditiven Speicher, in der Methode als „Kassette" bezeichnet, als essenziell erachtet.

Handelt es sich um unbekannte Wörter, die neu eingeführt werden, gibt es zwei Möglichkeiten. Wird das Wort nur gesehen, kann das Kind, das die **NRM** beherrscht, mittels des innerlich vorgestellten Wortbildes das Wort richtig schreiben. Wird das Wort hingegen nur gehört, gibt es wieder zwei Möglichkeiten. Bei lauttreuen Wörtern kann es aus dem auditiven Speicher die richtige Schreibweise entnehmen und das Wort fehlerfrei notieren. Handelt es sich aber um ein nicht lauttreues Wort, ist das Ergebnis ein Zufallsprodukt, und es ist für diesen Fall bis jetzt keine Strategie bekannt. Schreiben Kinder in diesen Fällen Wörter falsch, ist es nicht das Problem der Kinder, sondern die Ursache liegt in einer unangemessenen Vermittlungsstrategie. Auf diese Weise sollten nie neue Wörter vermittelt werden, da die Kinder keine echte Chance haben, die korrekte Rechtschreibung zu erlernen.

Zahlreiche Fälle von LRS entstehen durch das Vermischen der beiden Strategien, wobei oft die auditive Strategie bevorzugt wird. Der anschließende Exkurs verdeutlicht die Schwierigkeiten, die dadurch entstehen können.

Exkurs: Lauttreue und Sprachenlernen – Beispiele aus dem Fremdsprachenlernen

In den Fremdsprachen ist das Erlernen des neuen Wortschatzes sehr wichtig, da nur so die ersten Sätze und Dialoge selbstständig gebildet und verstanden werden können. Die ersten Wörter in der Fremdsprache sind für den Lerner unbekannt, und wenn der neue Wortschatz auditiv eingeführt wird, greift er auf die auditive Strategie zurück. Inwieweit diese bei fehlender Lauttreue scheitert, zeigen die folgenden Beispiele. So hört man in einem Norwegischkurs für das deutsche „ich" [jai][3], während es später als /jeg/ geschrieben wird. Ein weiteres Beispiel ist das Wort für Norwegisch, „norsk", es

---

[3] Im Folgenden werden die Phoneme eines Wortes in eckigen Klammern und die Grapheme zwischen Schrägstrichen notiert.

wird /norsk/ geschrieben aber [norschk] ausgesprochen. Gerade bei diesem nicht lauttreuen Wort versucht der Lerner entweder [norsk] auszusprechen oder /noschk/ zu schreiben. Dies sind Beispiele dafür, wie schwierig es ist, die phonetische Strategie beim Erlernen unbekannter Wörter anzuwenden.

Ein anderer Fall stellt sich beim Erlernen des Japanischen ein. In der japanischen Sprache ist die Diskrepanz von besonderer Natur, da mitunter ein Laut, der deutlich verschriftlicht wird, nicht gesprochen wird. In der normalen höflichen Gegenwartsform steht am Ende japanischer Verben /masu/; das letzte „u" wird unterdrückt und [mas] ausgesprochen. Beispiel: Das Verb „essen" heißt auf Japanisch „tabemasu". Gesprochen wird es [tabemas]. Auch hier würde eine phonetische Strategie zum Schreiben in die Irre führen. Mittels der **NRM** wird das Wort hingegen im visuellen Speicher als inneres Wortbild gespeichert und zum Schreiben abgerufen, während für das Sprechen der Klang vom auditiven Speicher geholt wird.

Wörter aus dem Kontext erfassen

Zurück zu den Gruppen LRS-Betroffener und dem Vergleich mit der **NRM**. Die zweite Gruppe, „Kontextspekulanten" genannt, hat das Prinzip der Buchstabenschrift verstanden. Nach Mann („Legasthenie") werden die Kinder der ersten Gruppe bei einer Wiederholung des ersten Schuljahres automatisch zu Kindern der zweiten Gruppe. Die Buchstabenschrift diene ihnen als Erinnerungsstütze zum Wiedererkennen der Wortbilder. Dies verdeutlicht Mann mit dem Wort „Fenster". Das Kind merke es sich durch das „F" am Wortanfang und die Buchstabenfolge „st" in der Mitte. Diese Elemente höre das Kind auch und könne so das Wort wiedererkennen.

Diese Gruppe könne eine große Anzahl an Wortbildern speichern. Neue Wörter würden nicht zusammenhängend (synthetisch) erlesen, sondern aus dem Kontext und markanten Buchstaben am Anfang und der Mitte erschlossen und auditiv gespeichert. Oft seien es die ersten zwei bis drei Buchstaben. Kinder auf dieser Stufe könnten relativ schnell und flüssig lesen, allerdings überläsen sie oft Endungen. Auffällig werde dies bei den Wortbildern von Funktionswörtern mit verschiedenen Flexionsendungen beziehungsweise bei Wörtern, die sehr ähnlich sind. Beispielsweise sei es denkbar, dass ein Kind mit dieser Art von LRS die Unterschiede zwischen „überall" und „Überfall" überlese. Teilweise seien diese Kinder in der Lage, ihre Fehler vom Sinn her zu korrigieren. Langfristig könne der Leseprozess abrechen und eine starke Abneigung gegen das Lesen entsteht.

Die Kontextspekulanten = Phoneten

Für die **NRM** stellt diese Gruppe Kinder mit starker auditiver Dominanz dar. Sie läsen kurz über das Wort drüber und erschlössen es über den auditiven Speicher. Der für das Hören zuständige Gehirnbereich sage dem Kind das Wort, ohne dass es mit dem visuellen Speicher abgeglichen werde. Hier sei es hilfreich, die visuelle Strategie und insbesondere das Ganzwortlesen zu vermitteln.

Mangelnde Bedeutungserfassung und Aussprache als Kennzeichen von LRS?

Als dritte Gruppe beschäftigen wir uns mit den Kindern, die Brüggelmann und Mannhaupt als „Buchstabensammler" charakterisiert haben. Die Kinder, die dieser Gruppe zugeordnet werden, könnten Wörter synthetisch erlesen, scheiterten aber am Bedeutungsinhalt und der korrekten Aussprache des Wortes.

Interessanterweise treten nun zur Rechtschreibung die Bedeutungsvermittlung und die Aussprache hinzu. Auch bei den anderen Gruppen ist es durchaus denkbar, dass die Sinnzuordnung und die korrekte Aussprache misslingen, hierzu werden im Aufsatz „Legasthenie" von Mann aber keine Aussagen getroffen. Ohne Sinnzuordnung misslinge die Speicherung der gelesenen Wörter, und das Erlernen komplexer Sprech- und Schreibmuster, die nützlich für das Erlesen neuer Wörter sind, gelinge ebenfalls nicht. Das Kind stagniere innerhalb seines Leselernprozesses und Lesen werde zur „ungeliebten Mundgymnastik" (Mann: „Legasthenie").

Aus Sicht der **NRM** stellen die Sinnerfassung und -vermittlung wiederum eigene Bereiche dar. Von besonderer Bedeutung seien der bildhafte Sinn (visueller Speicher) und das Vorsagen der Eigenschaften (auditiver Speicher). Die anderen Sinne – Geruch, Geschmack, Gefühl – spielten für die Vermittlung der Bedeutung eines Wortes ebenfalls eine Rolle, werden aber hier bewusst ausgeblendet.

Für das Wort /Stein/ [ʃtain] heißt dies: Man kann sich einen Stein bildlich vorstellen, an verschiedene Formen von Steinen denken (Kiesel, Geröll ...), oder man kann sich seine Eigenschaften (hart, kalt ...) vorsagen.

Zum Aspekt der korrekten Aussprache lässt sich sagen, dass es aus Sicht der **NRM** nicht sinnvoll ist, zwischen der korrekten Standardaussprache und einem künstlichen Lautgebilde, das aus der phonetischen Strategie stammt, zu unterscheiden oder auch nur mit Letzterer zu arbeiten. Aus Sicht der **NRM** ist es unnötig, eine künstliche Aussprache gemäß den Graphemen/Buchstaben zu vermitteln, die allein der auditiven Strategie dient. Sinnvoller für das Sprechen sei es, die Aussprache mittels des auditiven Speichers zu erlernen und für das Schreiben auf den visuellen Speicher zurückzugreifen.

Erfolgreiche Rechtschreibvermittlung im Vergleich

Vermischen der drei Strategien

Während im zweiten Schuljahr die verschiedenen Gruppen noch deutlich abgrenzbar sind, vermischen sie sich bis zum dritten Schuljahr. So sind Kinder aus der zweiten Gruppe teilweise durchaus in der Lage, synthetisch zu lesen. Umgekehrt haben Kinder der dritten Gruppe auch ein paar Wortbilder ganzheitlich gespeichert, ohne sie synthetisch erlesen zu haben. Zur Erklärung der Entstehung der LRS können wir annehmen, dass durch sozialen Druck eine vorläufige, meist auditive Strategie, verfestigt wird und ein Übergang zur nächsten Stufe mit dem damit verbundenen Umlernen als Rückschritt der äußerlich sichtbaren Leistung wahrgenommen wird.

Kein Transfer des Lesens auf die Schreibfähigkeit

Allen Gruppen sei gemeinsam, dass kein Transfer des Lesens auf das Rechtschreiben stattfinde. Bei der zweiten Gruppe fehle die genaue Analyse der Wörter, und die phonetische (künstliche) Aussprache sei nicht abrufbar. Hingegen fehlten der dritten Gruppe die authentische Aussprache und der Wortinhalt. Beiden Gruppen gemeinsam fehle die effektive Schreibgrundlage. Sie orientierten sich an der auditiven Strategie und vernachlässigten ihren visuellen Speicher. Da sie auf ihren auditiven Speicher zurückgriffen und ihre Rechtschreibregeln anwendeten, könnten sich die Fehler aufgrund fehlender Lauttreue häufen. Eine Lösung wäre die Reformierung der Didaktik des Erstleseunterrichts, um vorzubeugen, dass Kinder in einer vorläufigen Strategie steckenblieben. Die LRS wird als Ergebnis des Festhaltens an einer falschen Strategie verstanden. Ein reines Üben auch mit psychologischer Betreuung verfestige nur die falsche Strategie. Diesem kann die **NRM** nur zustimmen, und aus diesem Grund besteht der erste Schritt dieser Methode darin, den Kindern ihre eigene Strategie sowie diejenige guter Rechtschreiber bewusst zu machen.

Legasthenie in der Schule – früher und heute

Die geschilderten Vorstellungen prägen den Umgang mit LRS und Legasthenie und bestimmen auch die Vorgehensweise in den unterschiedlichen Behandlungsarten.

Seit den 1970er-Jahren wurde Legasthenie immer öfter thematisiert; die Zahl der Betroffenen steigt seitdem. Zum einen liegt das an der Früherkennung schon in der Grundschule. Zum anderen wurden immer mehr Unterrichtsinhalte in die Schule gepackt, sodass für das Lesen und Schreiben weniger Lernzeit zur Verfügung steht. Aufgrund dieser Entwicklungen wurden vermehrt Richtlinien zur Förderung betroffener Schüler erlassen. Vorreiter war Hessen, wo es bereits seit 1969 Richtlinien gab.

Förderkurse und Notenbefreiung als Hilfestellungen

Zu Beginn der 70er-Jahre zogen weitere Bundesländer nach. Mittels standardisierter Testverfahren wurden Kinder getestet und kamen in spezielle Förderkurse. Sie wurden auch von der Notengebung im Lesen und Rechtschreiben befreit. Allerdings wurden die Richtlinien kaum realisiert, und es gab erhebliche Probleme, beispielsweise mit den Intelligenztests und der Festlegung typischer Legasthenietehler. Auch wurde die Notenbefreiung von Kindern ohne tatsächliche LRS ausgenutzt. 1978 wurden daraufhin neue Gesetze erlassen, die vor allem einen sorgfältig geplanten Erstleseunterricht im Blick hatten. Weitere Fördermaßnahmen und die vom Kultusministerium angeregte Binnendifferenzierung wurden unterschiedlich umgesetzt. Durch eine gewisse Ignoranz gegenüber der LRS in der Folgezeit nahmen zahlreiche Kinder Schaden. Anfang der 90er-Jahre rückte die Legasthenie wieder in den Blickpunkt. Besonders in Nordrhein-Westfalen begann sich das Kultusministerium intensiv mit dem Thema auseinanderzusetzen und erließ neue Richtlinien. Allerdings konzentrierte man sich insbesondere auf die außerschulische Betreuung. So war man der Meinung, dass nur eine Person, die mit der Didaktik des Lesens und Schreibens vertraut sei und zudem über psychotherapeutische Fähigkeiten verfüge, helfen könne. So wurden Fachverbände sowie der Bundesverband Legasthenie gegründet. Dieser setzte sich dafür ein, dass die Legasthenie in manchen Fällen als Entwicklungsbehinderung staatlich anerkannt wurde. Wenn ein betroffenes Kind die Legasthenie als Entwicklungsbehinderung anerkannt bekommt, gewährt das Sozialamt bei einer medizinischen Indikation Zuschüsse zur Therapie.

Wie Lehrer am besten unterrichten sollten, um Legasthenie vorzubeugen, wird im Artikel zur Legasthenie im „Taschenbuch des Deutschunterrichts" nicht thematisiert. Es entsteht der Eindruck, Legasthenie wäre eine Art Krankheit, die im Kind angelegt ist und für die nur die Therapie bleibt.[4]

Methoden zur Behebung der LRS

Gemäß den Vorstellungen entwickelten sich unterschiedliche Methoden und Modelle, um LRS zu beheben.

Raumlage, p oder q

Die ersten methodischen Ansätze waren allgemeine Funktionstrainings, die abseits der Schriftsprache die Konzentration und die Beachtung der Raumlage trainierten. So sollten unter verschiedenen Figuren ähnliche erkannt werden. Auch die Besonderheit der Raumlage bei Buchstaben wurde eingeübt. Man ging davon aus, dass Buchstaben für manche Kinder zu abstrakt seien. Während es in der natürlichen Umwelt nicht wichtig ist, ob ein Henkel links oder rechts ist, da das Kind, wenn es danach greifen will, die Richtung korrigieren kann, ist das bei Buchstaben ganz

---

[4] Für ein Buch, das ansonsten sehr gut zur Unterrichtsplanung geeignet ist, ist es nur schwer nachvollziehbar, warum an dieser Stelle keine Tipps für die Gestaltung des Unterricht gegeben werden, um LRS vorzubeugen.

entscheidend. Zur Verdeutlichung: ein Strich nach unten links oder unten rechts kennzeichnet unterschiedliche Buchstaben: „p" oder „q". Diese Programme, die früher als Allheilmittel für LRS angesehen wurden, gelten heute als unterstützend für den allgemeinen Lernprozess, können aber bei LRS keine Abhilfe schaffen.

Ein besserer Ansatz besteht darin, die Funktionen der Schriftsprache direkt in derselben zu trainieren, und zwar an Stellen, wo sie notwendig sind. Hierfür wurden spezielle Lese- und Rechtschreibtrainings mit motivierendem und reichhaltigem Material entwickelt. Kinder mit LRS konnten zwar nach einiger Übung die jeweiligen Aufgaben in der Übungssituation lösen, scheiterten aber beim Schreiben im Kontext und konnten das Gelernte nicht übertragen. Gemeinsam ist beiden Ansätzen, dass sie am Symptom ansetzen, beispielsweise Fehler beim s-Laut. Ein weiterer Kritikpunkt bezieht sich auf die linguistisch nicht ganz korrekte Arbeitsweise bei den Materialien, da das Kind abwechselnd hinhören oder ableiten soll.

Die phonetische Schreibstrategie

In neuerer Zeit werden wiederum Versuche gemacht, die Schreibfähigkeit grundlegend neu zu vermitteln. Hierfür wird das rhythmisch-synchrone Sprechschreiben geübt, indem die lautgetreue Schreibung erst aufgebaut und dann automatisiert wird, was zu Problemen bei nicht lauttreuen Wörtern führt. Zu diesem Zweck werden die Kinder angehalten, die Wörter deutlich in Silben zu gliedern, langsam auszusprechen und synchron mitzuschreiben. In der **NRM** wird dieses Vorgehen die phonetische Strate-gie genannt. Zu Beginn der Methode kommen nur Wörter vor, bei denen Phoneme mit dem häufigsten Graphem realisiert werden. So wird beispielsweise der Laut [f] mit /f/ realisiert, nicht mit /v/, /pf/ oder anderen Buchstaben.

Spezielle Aussprachevarianten zum Verschriftlichen?

Aufgrund des Festhaltens an der Silbengliederung werden Doppelkonsonanten zwischen zwei Vokalen doppelt hörbar gemacht. Um die phonetische Strategie beibehalten zu können wird das Wort „Wasser" als [vas-sɐ] mit künstlicher Dehnungspause ausgesprochen. Allgemein gesagt, wird die Aussprache an die Schreibweise angeglichen. Den Kindern wird beigebracht, eine besondere Aussprache zu verschriftlichen, und nicht die herkömmliche Aussprache. Erst nachdem auch komplexe Konsonantenhäufungen artikulatorisch durchgliedert werden können, wie zum Beispiel „str" oder „pfl", folgen die Rechtschreibregeln.

Auch dieser Ansatz konzentriert sich auf das Schreiben, da die Übungen mit Arbeitsblättern in Gruppen leicht umsetzbar sind. Ein Transfer vom Schreiben zum Lesen findet nicht statt. Man geht davon aus, dass eine Veränderung der Lesestrategie und der feinmotorischen Fähigkeiten nur in der Einzelinteraktion zwischen Therapeut und Kind gelingen kann und generell nicht vermarktbar ist. Da es im Zuge der LRS zu psychischen Folgen kommen kann und diese umso auffälliger sind, je später sie behandelt werden, werden Kinder frühzeitig in außerschulische Förderung und Therapie gegeben. Auch wenn es nachvollziehbar ist, dass Kinder unter psychischer Belastung trotz richtiger Strategien Fehler in der Rechtschreibung machen und hier eine Psychotherapie helfen kann, hilft eine Therapie nur bedingt etwas bei jenen Kindern, die eine falsche Leselernstrategie benutzen und feinmotorische Störungen aufweisen. Bei ihnen werden die legasthenen Schwierigkeiten zwar nicht beseitigt, aber immerhin erfährt die kindliche Persönlichkeit eine Stabilisierung.

Da also weder reine Funktionstrainings ohne psychische Betreuung noch Psychotherapien ohne eine Veränderung der Lesestrategie allgemeinen Erfolg haben, haben Betz und Breuninger kombinierte Modelle entwickelt (vgl. „Teufelskreis Lernstörungen"). Die LRS wird hier als System sich gegenseitig verstärkender Störfaktoren verstanden. Dieses Modell setzt an mehreren Stellen an, indem Lernlücken durch die Rechtschreibförderung und Vermittlung einer anderen Strategie aufgeholt werden. Mittels Gruppentherapie und Elternarbeit soll die psychische Komponente positiv verändert werden.

Dies ist generell zu begrüßen, ist aber ein langwieriger Prozess. Auch ist die Mitarbeit der Eltern im Konzept durch eine Serie von Elternabenden nur bedingt umzusetzen. Die **NRM** vermittelt eine effektive Lernstrategie, mit der auch die vorher gelernten Wörter, nachdem sie mit der neuen Strategie umgelernt wurden, fehlerfrei geschrieben werden. Dank Entspannungsübungen und der Einbindung der Eltern wird auch eine freundliche und motivierende Atmosphäre, die dem Lernen förderlich ist, geschaffen, wobei die Elternarbeit leicht umzusetzen und in die alltäglichen Eltern-Kind-Interaktionen problemlos integrierbar ist.

Reform der Didaktik des Erstleseunterrichts

Damit gar nicht erst eine LRS entsteht, gibt es Ansätze, den Erstunterricht im Schriftspracherwerb neu zu gestalten. So wird durch Individualisierung und die Befreiung vom Gleichschritt versucht, der Legasthenie vorzubeugen und Kindern ein individuelles, persönliches Lernen zu ermöglichen. Es werden in den Unterricht auch Verfahren aus der Legastheniertherapie integriert. Des Weiteren wurden die Testverfahren optimiert, um schon ab Mitte des ersten Schuljahres betroffene Kinder zu ermitteln und ihnen zu helfen, bevor der Teufelskreis aus Lernschwäche und Blockierung beginnt.

Allen bisherigen Modellen ist gemeinsam, dass sie langwierig sind und größtenteils am Symptom ansetzen beziehungsweise sich auf die psychischen Aspekte konzentrieren und dass die Erfolgsaussichten unsicher bis gering sind. Den Kindern wird keine Strategie vermittelt, wie es gute Rechtschreiber denn schaffen, richtig und fehlerfrei zu schreiben.

Fazit

Nach der intensiven Lektüre des Kapitels „Legasthenie" im „Taschenbuch des Deutschunterrichts" hat man gewisse Vorstellungen über Legasthenie, die noch einmal kurz dargelegt werden:

- Legasthenie hat zahlreiche Ursachen, und es entsteht der Eindruck, als könnten nur Fachleute sie behandeln.

- Die herkömmlichen Methoden setzen an der akustischen Durchgliederung und der phonetischen Strategie an.

- Es ist wichtig, früh zu handeln, da das Kind sonst in einen Teufelskreis geraten kann, der sein Selbstbild schädigt und aus dem es nur mit großer Mühe wieder herausfindet.

- Die Erfolgsaussichten der herkömmlichen Legasthenietherapien sind kaum vorhersagbar und die Erfolge sind leider nur gering.

- Für die Lehrkraft gibt es keine praktischen Hilfen, wie sie im Unterricht Kindern mit LRS helfen kann.

- Für die Lehrkraft stellt sich die Aufgabe, die ersten Anzeichen einer LRS zu erkennen und die Eltern zu beraten, das Kind testen zu lassen. Bei einer bestätigten Legasthenie kann sie die Kinder von den Noten im Lesen und Schreiben befreien und die mündliche Mitarbeit stärker gewichten, was eine Sonderbehandlung darstellt und für das soziale Leben des Kindes Folgen nach sich ziehen kann.

- Auf die Auswirkungen der Bescheinigung der Legasthenie für das Kind wird kaum eingegangen.

- Schwierig ist dieser Lösungsvorschlag auch, da in unserer Kultur schriftliche Leistungen eine wichtige Rolle spielen.

Weisen die Kinder hier Defizite auf, haben sie im weiteren Leben schlechtere berufliche Chancen.

- Ganz konkret erfährt das Kind aber seine Schwäche im Schulalltag, und sein Selbstbild kann dadurch negativ beeinflusst werden.

Demgegenüber hat die **NRM** einige Vorzüge, die nun zusammengefasst dargestellt werden:

1. Die **NRM** ermutigt die Kinder mit wenigen Kniffen; mittels der Strategie und der folgenden Notenverbesserung wird auch die kindliche Persönlichkeit gestärkt.

2. Es gibt keine Gründe, Legasthenie als unheilbar oder in ähnlicher Weise zu klassifizieren/diagnostizieren, denn jedes Kind kann mit der richtigen Methode ein guter Rechtschreiber werden.

3. Kinder mit bescheinigter Legasthenie schaffen mittels der **NRM**, ein unbekanntes, nicht lauttreues englisches Wort, das sie innerhalb des Methodentrainings gesehen und gehört haben, fehlerfrei hinzuschreiben. So wird in der ersten **NRM-Sitzung** gerne mit dem Wort „daughter" gearbeitet. Es weist acht Buchstaben auf und seine Schreibung ist mit der phonetischen Strategie nicht herleitbar. Gemäß den Vorstellungen der herkömmlichen Legasthenieforschung wäre dies nicht möglich, es funktioniert aber meist schon in der ersten **NRM-Sitzung**.

4. Darüber hinaus ist die **NRM** von jeder Lehrkraft leicht erlernbar und auch problemlos im Klassenzimmer umsetzbar. Wird die **NRM** im Unterricht verwendet, kann sie sogar der Entwicklung von LRS vorbeugen.

Erfolgreiche Rechtschreibvermittlung im Vergleich

5. Die **NRM** ist eine praktische, leicht anzuwendende Hilfe, die dazu beitragen kann, dass alle Kinder gute Rechtschreiber werden. Zusätzlich erleichtert das Training des visuellen Vorstellens das Erlernen von Fremdsprachen und ist auch im Fach Mathematik, Stichwort Textaufgaben, sehr hilfreich.

6. Die **NRM** nutzt verschiedene Lernkanäle. So stellt sich das Kind das Wort visuell vor, schreibt es in die Luft (kinästhetisch) und lernt die Aussprache, spricht es selbst aus (phonetisch).

Schlusswort

Nach der Lektüre des vorliegenden Ratgebers haben Sie als Erwachsener, ob Eltern, Lehrkraft oder Therapeut, das notwendige Rüstzeug, um gemeinsam mit dem betroffenen Kind die Lese-Rechtschreib-Schwäche erfolgreich zu beseitigen und eine Denkstrategie einzuführen, die auch in anderen Schulfächern gewinnbringend angewendet werden kann. Rechtzeitig eingesetzt, kann die beschriebene Methode sogar verhindern, dass Kinder überhaupt erst eine LRS entwickeln.

Es ist wichtig, dass das Kind von Anfang an Eigenverantwortung übernimmt, dass es also für sich selbst den Nutzen der praktischen Anweisungen erkennt und zuversichtlich ist, diese auch erfolgreich erlernen zu können.

Wenn die Eltern für die richtigen Rahmenbedingungen sorgen und ihrem Kind mit Zuversicht und Zutrauen zur Seite stehen, sind dies gute Voraussetzungen, dass die praktische Umsetzung der *Nicolay-Rechtschreib-Methode*® gelingt.

Sollten Sie noch weitere Hilfestellung oder Rat zu individuellen Problemen benötigen, empfehle ich Ihnen, sich über die Webadresse *www.ipl-nicolay.com*, die E-Mail *info@ipl-nicolay.com*, postalisch oder telefonisch mit mir in Verbindung zu setzen:

Nicolay-Lernpädagogik
Postfach 10 11 26
80085 München
Telefon: 089/12 00 32 32
Fax: 089/12 00 32 31

In München, Frankfurt am Main und Berlin biete ich regelmäßig Termine für individuelle Lern- und Familienberatungen an. In den

Schlusswort

meisten Bundesländern und anderen europäischen Ländern sowie in den USA gibt es zudem von mir ausgebildete Therapeuten und Lehrkräfte, die Einzelförderungen durchführen. Darüber hinaus halte ich im ganzen Bundesgebiet und im Ausland regelmäßig Vorträge und Seminare, auch in englischer Sprache.

Interessierte Therapeuten oder Lehrkräfte haben die Möglichkeit, sich in Weiterbildungsseminaren oder in einer Kleingruppen-Intensivausbildung schon ab zwei Personen ganz individuell in ihrer Praxis/Stadt ausbilden zu lassen. Die praktische Anwendung erfolgt mit Kindern aus Ihrer Praxis. Alle weiteren Informationen und Preise finden Sie auf der Homepage.

Zu guter Letzt möchte ich den Eltern und Kindern noch einen aufmunternden Hinweis geben, falls Sie als Noch-LRS-Geplagte/r vielleicht gelegentlich an sich zweifeln:

Es gibt eine Vielzahl berühmter Persönlichkeiten, die unter Lese-Rechtschreib- und/oder Rechenschwäche litten und dennoch einiges zum Wohl ihrer jeweiligen Gesellschaften beigetragen haben: Bill Gates, Carl Gustav XVI. König von Schweden, Tom Cruise, Hans Christian Andersen, Friedrich der Große, Albert Einstein, Dwight D. Eisenhower, John F. und Robert Kennedy, Winston Churchill, Paul Ehrlich, Niels Bohr, Charles Darwin, Thomas A. Edison, Leonardo da Vinci, Walt Disney und viele andere. Selbst von Johann Wolfgang von Goethe heißt es, ihm sei das Regelwerk der Schriftzeichen ein Gräuel gewesen, sodass er zum Aufschreiben seiner Texte einen professionellen Schreiber beansprucht habe.

In diesem Sinne möchte ich Ihnen Folgendes mit auf den Weg geben: Korrekte Rechtschreibung ist nur ein Aspekt in einer facettenreichen Persönlichkeit. Stehen Sie selbstbewusst zu Ihrem Kind mit all seinen Stärken und Besonderheiten! Und trauen Sie ihm zu, dass es mithilfe der hier beschriebenen Methode seine LRS in den Griff bekommen wird!

Antworten auf häufig gestellte Fragen

Gibt es „die eine Lernmethode", um sich in der Rechtschreibung zu verbessern?

Auffallend ist, dass Menschen mit exzellenter Rechtschreibung nach allen bisherigen Untersuchungen weitgehend eine einheitliche Strategie verwenden. Das diktierte (gehörte) Wort wird in ein inneres Wortbild umgesetzt, eine spezifische Körperempfindung überprüft das innere Wortbild, um es dann zügig und korrekt niederzuschreiben. Vereinfacht könnte man diese inneren Wortbilder als eine Fotografie bezeichnen. Der innere Dialog des Menschen, der für die Rechtschreibung genutzt wird, ist bei genauerer Betrachtung jedoch komplexer.

Welche Lernstrategie nutzen Legastheniker?

Die Untersuchungen von Menschen mit Rechtschreibproblemen ergeben, dass sie Variationen aller möglichen Strategien nutzen. Zwei markante Unterschiede fallen auf:

1. Wortbildelemente sind in den Strategien „schwacher" Rechtschreiber kaum nachweisbar. Wortbildelemente werden entweder gar nicht oder nur unsystematisch und bruchstückhaft genutzt.

2. Schwache Rechtschreiber versuchen übereinstimmend, phonetisch rechtzuschreiben. Die zu schreibenden Wörter werden wie auf einer Kassette gespeichert. Für die Verschriftlichung sprechen sie sich diese innerlich immer wieder vor. Diese Methode ist mühsam, langsam und fehlerhaft; schon allein aus Gründen der fehlenden Lauttreue der deutschen Sprache sowie vieler Fremdsprachen muss diese Strategie scheitern.

Antworten auf häufig gestellte Fragen

Wie funktioniert die NRM?

Ein speziell entwickeltes Lehrer-Schüler-Dialogformat befähigt Kinder, über intelligente Fragestellungen und Selbstreflexion den Lernstil, den sie bei der Rechtschreibung nutzen, bewusst zu erkennen. Das beginnt mit der einfachen Frage: „Wie speicherst du die Wörter, die du lernst, in deinem Kopf?" Die Antwort ist meist ein verdutzter Blick. Kinder lernen nach wie vor nicht, bewusst zu erkennen, wie sie ihr Denken beim Lernen nutzen. Ebenso wenig wissen sie, wie die Kinder, die fehlerfrei schreiben, Wörter in ihrem Gehirn speichern. Haben sie das jedoch einmal erkannt, hilft es ihnen, Wörter ebenso effizient im Gehirn zu speichern wie die „sicheren Rechtschreiber".

Wie lange dauert es, bis sich die Rechtschreibung verbessert?

Achtzig Prozent der Kinder benötigen nur drei bis zehn Einzelförderungen, um sich den Lernstil der erfolgreichen Rechtschreiber anzueignen und mit neu gelernten Wörtern und grammatikalischen Regeln innerhalb von acht bis zwölf Wochen gute Noten zu erzielen. Auch Kinder, denen mit anderen Therapieformen nicht geholfen werden konnte oder eine unheilbare Legasthenie bescheinigt wurde, finden zur sicheren Rechtschreibung sowie flüssigem und fehlerfreiem Lesen. Vorausgesetzt, ein Elternteil oder Lernbegleiter ist aktiv in die Einzelsitzungen eingebunden und nutzt die erhaltenen praktischen Anleitungen, um die Förderung zu Hause selbstständig weiterzuführen und erfolgreich abzuschließen.

Alle Lernwörter und Vokabeln, die vor dem Erlernen dieser Methode in der Schule vermittelt wurden und die das Kind fehlerhaft gespeichert hat, müssen noch einmal überarbeitet werden. Wie findet das statt?

Diese Fleißarbeit ist nicht Teil der Förderung. Das Kind lernt dies zu Hause mit Unterstützung der Eltern oder eines Lernbegleiters. In den Einzelsitzungen erhalten die Eltern oder ein Lernbegleiter dafür eine konkrete Einweisung.

Werden Konzentrationsschwäche, innere Unruhe, Unsicherheiten, mangelndes Selbstwertgefühl, um nur einige Problembereiche zu nennen, behandelt?

Auf der psychosomatischen Entwicklung liegt ein starker Fokus, um eventuelle psychologische Nachteile auszugleichen, die dem Rechtschreiberfolg im Wege stehen. Als Kind war ich selbst von Rechtschreibproblemen betroffen, was meine Kindheit und 20 Jahre meines Erwachsenenlebens sehr negativ beeinflusst hat. Daher ist es mir ein ganz persönliches Anliegen, Kindern neben einer sicheren Rechtschreibung zu einem gesunden Selbstbewusstsein und einer stabilen Psyche zu verhelfen.

Wie können Eltern ihrem Kind helfen?

Die Eltern sind aktiv in die Einzelförderungen eingebunden und erhalten praktische Anleitungen, um die Förderung zu Hause selbstständig und ohne externe Hilfe weiterzuführen und erfolgreich abzuschließen. Die Mitarbeit der Eltern, ihr Wille, eventuelle Veränderungen ohne Ausübung von Druck zu unterstützen, ist ein wesentlicher Garant für schnelle und nachhaltige Erfolge.

Antworten auf häufig gestellte Fragen

Können Pädagogen und Therapeuten die Methode erlernen?

Lehrer, Therapeuten und alle Interessierten können in Aus- und Weiterbildungsseminaren die Anwendung der Methode lernen. Meine Vision ist, dass es in absehbarer Zeit an Grundschulen kein Kind mehr mit Rechtschreibproblemen gibt.

Was sind die Ursachen von LRS?

Die unbewusste Nutzung eines ineffektiven Lernstils zum Erwerb der Schriftsprache, derer sich die Kinder nicht bewusst sind.

Der überwiegende Einsatz phonetischer Unterrichtsmethoden zur Vermittlung der Schriftsprache, der in erheblichem Maß Rechtschreibprobleme und LRS bei Kindern produziert.

Können Kinder mit organischen Erkrankungen oder mit angeborenen, genetisch bedingten Schädigungen des Gehirns gute Noten in der Rechtschreibung erzielen?

Organische Defekte sind noch lange kein Grund, die Rechtschreibung nicht zu erlernen. Technische Hilfsmittel und spezielles Lerntraining helfen, diese Defekte zu kompensieren. Dies wurde schon 1967 durch Leontjew eindeutig nachgewiesen. Solange ein Kind fähig ist, Buchstaben zu erkennen und innere Bilder zu erzeugen, kann es fehlerfrei lesen und schreiben lernen.

Kinder, die mit dem bestehenden Schulsystem nicht zurechtkommen, werden oft abgestempelt. Bei den Lösungen hält man sich jedoch sehr bedeckt. So wurde im Jahr 1999 die Entdeckung eines Chromosoms Nr. 15 (C15) publiziert, das für eine „genetisch veranlagte Legasthenie" verantwortlich sein soll.

Folgt man dieser Sichtweise, gäbe es für Betroffene, bei denen das Chromosom C15 nachgewiesen wird, keine Heilungschancen. In der Konsequenz hieße das, die Ursache für hartnäckige Rechtschreibprobleme ausschließlich beim betroffenen Kind zu suchen, statt den Fokus auf eine veränderte Schriftsprachvermittlung in den Schulen zu legen.

Ist die NRM eine ganz neue Methode?

Die **NRM** basiert auf den gleichen wissenschaftlichen Erkenntnissen der Neurologie und Psycholinguistik, aus denen in den 80er-Jahren die „Ganzwortmethode" entwickelt und an Schulen eingeführt wurde. Die erfolgreiche Umsetzung scheiterte nach meiner Meinung jedoch an der nicht ausreichenden Ausbildung der Pädagogen. Man kehrte daher wieder überwiegend zur phonetischen Schriftsprachvermittlung zurück, obwohl diese zuvor als ungeeignet erkannt worden war. Seitdem steigt die Zahl von LRS-Kindern dramatisch an.

Wo sind phonetische Unterrichtsmethoden wichtig?

Phonetische Elemente sind für das Erlernen einer Sprache sehr wichtig und wesentlich. Die wenigsten Kinder mit Lese- und Schreibproblemen haben jedoch Probleme mit der Aussprache der Wörter und können auch seine Bedeutung mündlich erklären. Sie wissen jedoch nicht, wie sie es fehlerfrei niederschreiben können. Für diesen Lernprozess ist die Phonetik fehl am Platz.

Antworten auf häufig gestellte Fragen

Wie ist der Ablauf, wenn ein Kind als Legastheniker anerkannt wird?

Schüler mit Problemen im Lesen und Schreiben werden psychologisch getestet. Sind gewisse Kriterien erfüllt, greift in vielen Bundesländern der Erlass des Kultusministeriums und es erfolgt die Anerkennung als „Legastheniker".

Welche Folgen hat die Anerkennung als Legastheniker für das Kind?

Der Vorteil ist die Befreiung von Rechtschreibzensuren, die andere, wesentlich gravierendere Seite ist jedoch, dass damit fast immer auch ein Abstempeln verbunden ist. Untersuchungen zeigen, dass viele Schüler sich fatalistisch in ihr Schicksal als „Legastheniker" ergeben. Sie beginnen, zu glauben, dass sie wirklich unfähig sind, und stufen sich oft als dumm ein. 24 Prozent rutschen nachweislich ins kriminelle Milieu ab. Eine Therapie von durchschnittlich 60 Stunden, verteilt über zwei Jahre, trägt erfahrungsgemäß nicht dazu bei, dass die Betroffenen glauben, mit ihnen sei alles in Ordnung.

Unser Schulsystem, ein Eliteclub der visuell lernenden Schüler

Die Notengebung in den Hauptfächern Deutsch, Mathematik, Fremdsprachen erfolgt hauptsächlich anhand schriftlicher Leistungen. In vielen Bundesländern gibt es LRS-Verordnungen, die vorschreiben, dass bei Legasthenikern die mündlichen Leistungen im Vordergrund zu stehen haben. Dies hilft den betroffenen Kindern jedoch nicht, ihre Rechtschreibung zu verbessern. Die Problematik wird aus den Klassenzimmern in Förderklassen und LRS-Therapien verschoben. Deren Erfolge sind leider nicht so hoch wie gewünscht. Die Auswirkungen mangelnder Rechtschreibsicherheit zeigen sich spätestens an weiterführenden Schulen, Universitäten oder im Beruf. Überall dort, wo schriftliche Leistungen Priorität haben und der LRS-Notenbefreiungsschein nicht mehr gilt, bringen Rechtschreibfehler für die Betroffenen meist gravierende Nachteile mit sich. Wir leben in einem sehr visuellen Gesellschaftssystem, in dem schriftliche Leistungen sehr hoch, ja überbewertet sind.

Genie und Legastheniker

Albert Einstein wurde nachgesagt, er sei Legastheniker gewesen. Die Relativitätstheorie entdeckte und entwickelte er, indem er sich vorstellte, auf der Spitze eines Lichtstrahls zu sitzen, um ebenso schnell zu reisen wie das Licht und um so wahrnehmen zu können, was es von dort zu sehen gibt. Damit verbrachte er die meiste Zeit seines Lebens: gemütlich im Sessel sitzend und seinen inneren Bildern folgend. Wir würden es vielleicht Tagträumen nennen. Albert Einstein hatte ein sehr ausgeprägtes „räumliches" Visualisierungsvermögen. Er konnte sich Zusammenhänge bildlich vorstellen, die viele Wissenschaftler bis zum heutigen Tage nicht in der Lage sind, auch nur nachzuvollziehen. Eine Schwäche hatte er hingegen in seiner „analytischen" visuellen Fähigkeit. Einstein hatte Probleme in der Orthografie, besonders im Englischen. Zum Glück war dies seinem Erfolg in seinem späteren Leben nicht abträglich. Können Sie den kleinen Unterschied erkennen und vor allem, wer den Unterschied bewirkt?! Ohne Schule gibt es keine Legastheniker! Ich rate daher Eltern von Kindern mit Rechtschreibproblemen, ihr Kind nie Legastheniker zu nennen. Wenn Sie Ihrem Kind einen ausgefallenen Titel geben wollen, nennen Sie es lieber Genie, auf seine ganz eigene Weise. Es gibt sehr viele Menschen, die ohne gute Schulnoten ein gesundes, glückliches und erfolgreiches Leben genießen.

Antworten auf häufig gestellte Fragen

Mehr Informationen zu LRS gibt es auf meiner Homepage *www.ipl-nicolay.com*. Darüber hinaus erreichen Sie mich auch postalisch und telefonisch:

Nicolay-Lernpädagogik
Postfach 10 11 26
80085 München
Telefon: 089/12 00 32 32
Fax: 089/12 00 32 31

Im Rahmen meiner Tätigkeit biete ich eine Aus- und Weiterbildung für Lehrkräfte, Therapeuten und andere Interessierte an:

Sie erwerben die Kompetenz, Kinder mit LRS in maximal zehn Einzelförderungen zu befähigen, in Deutsch und in Fremdsprachen gute Noten zu schreiben. Das Konzept enthält ganzheitliche Komponenten, um psychische Nachteile, die dem Lernen eventuell im Wege stehen, auszugleichen.

Lehrkräfte erwerben die Kompetenz, im Klassenverband Kinder mit einem LRS-Risiko zu befähigen, gute Noten im Schriftspracherwerb zu schreiben, ohne dass sie hierfür zusätzliche Förderstunden benötigten.

Literaturverzeichnis

BETZ, D. u. H. BREUNINGER: Teufelskreis Lernstörungen. München/Wien/Baltimore 1982.

BRÜGGELMANN, H. u. G. MANNHAUPT: Lesen vor der Schule – Lesen in der Schule. In: Die Grundschulzeitschrift 1990, Nr. 4, S. 43–46.

FRITH, U.: Unexpected Spelling Problems. In: Ders. (Hrsg.): Cognitive Processes in Spelling. London u. a. 1980, S. 495–515.

GOUGH, P. B., C. JUEL u. P. L. GRIFFITH: Reading, Spelling, and the Orthographic Cipher. In: P. B. Gough, L. C. Lehri u. R. Treiman (Hrsg.): Reading Acquisition. Hillsdale 1992, S. 35–48

GREENBERG, D. u. M. WILKE: Endlich frei! Leben und Lernen an der Sudbury-Valley-Schule. Freiamt 2004.

LINDER, M.: Über Legasthenie (spezielle Leseschwäche), Zeitschrift für Kinderpsychiatrie, Heft 18, 1951, S. 97–143.

MANN, C.: Legasthenie. In: G. Lange, K. Neumann u. W. Ziesenis (Hrsg.): Taschenbuch des Deutschunterrichts. 1. Bd.: Grundlagen, Sprachdidaktik, Mediendidaktik. Baltmannsweiler 2003, S. 305–318.

MANN, C.: Legasthenie verhindern. Bochum 1989.

MEIER, H.: Deutsche Sprachstatistik. Hildesheim 1978.

SCHICK, K. H.: NLP & Rechtschreibtherapie. Praxishilfen für Unterricht und Therapie. Paderborn 2004^3.

WARNKE, A.: Legasthenie und Hirnfunktion. Bern 1990.

Erstes Schaubild zum Gehirn[1]: Zeichne hier ein, wo du Worte, die du siehst und hörst, speicherst und ob du diese von der Kassette oder vom Bildschirm (oder beiden) aufs Blatt niederschreibst.

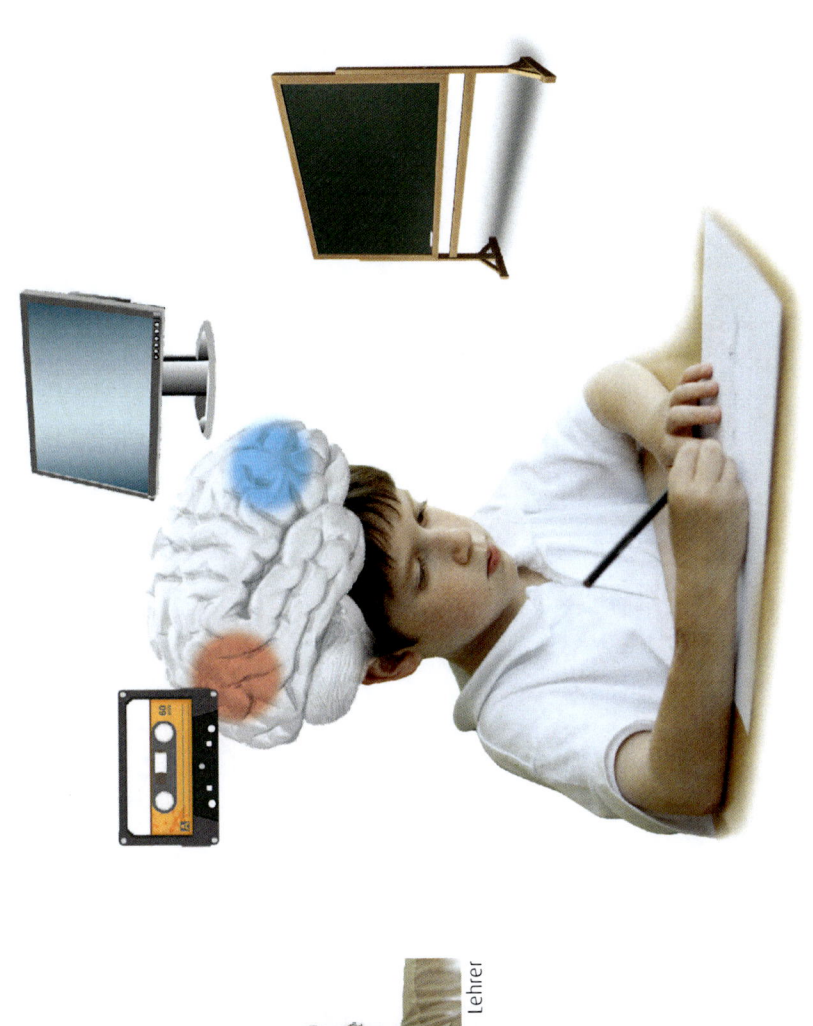

[1] Die Darstellung der beteiligten Hirnregionen dient hier der Anschaulichkeit. Tatsächlich befinden sie sich nicht an diesen Stellen.

Zweites Schaubild zum Gehirn[1]: Zeichne hier ein, wo Lutz (als Stellvertreter für sichere Rechtschreiber) nach deiner Erkenntnis Worte, die er sieht und hört, in seinem Gehirn speichert und ob er diese von der Kassette oder vom Bildschirm (oder beiden) aufs Blatt niederschreibt.

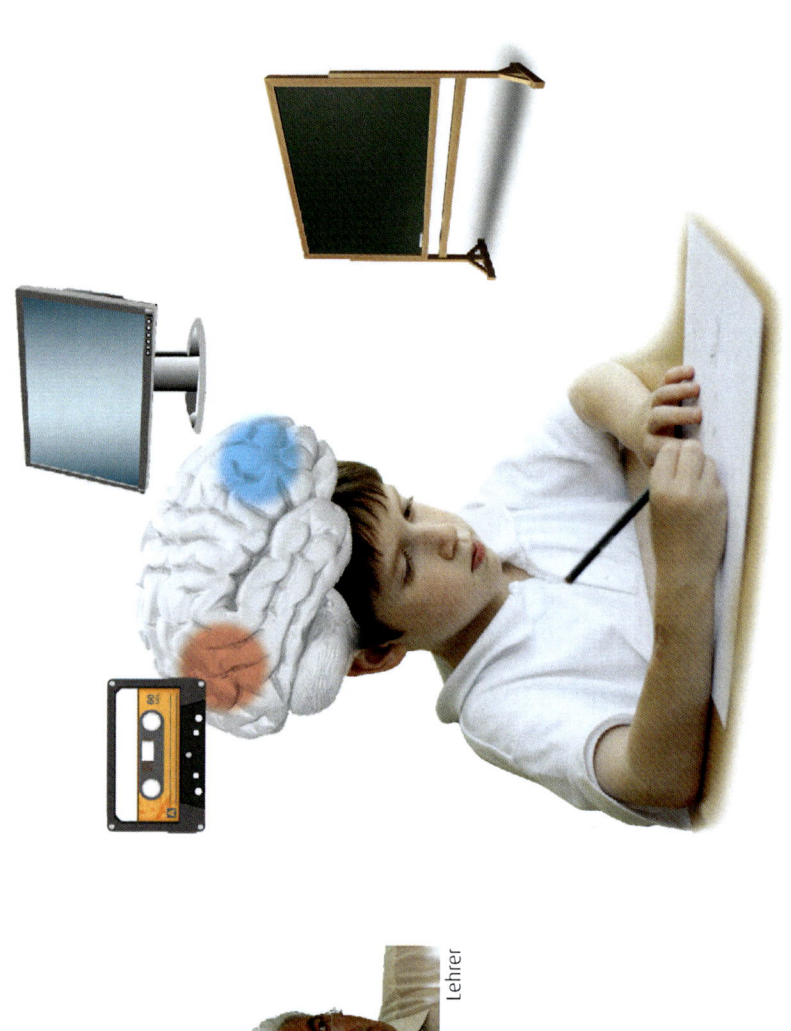

[1] Die Darstellung der beteiligten Hirnregionen dient hier der Anschaulichkeit. Tatsächlich befinden sie sich nicht an diesen Stellen.

☺X◆ZΥD🕯H♎N

Der Kobrablick

4-6 Zeichen gleichzeitig anschauen.
Vorübung, um 4-8 Buchstaben eines Wortes gleichzeitig anzuschauen.

© www.ipl-nicolay.com

☺X◆ZΥD🕯H♎N

Der Kobrablick

4-6 Zeichen gleichzeitig anschauen.
Vorübung, um 4-8 Buchstaben eines Wortes gleichzeitig anzuschauen.

© www.ipl-nicolay.com

☺X◆ZΥD🕯H♎N

Der Kobrablick

4-6 Zeichen gleichzeitig anschauen.
Vorübung, um 4-8 Buchstaben eines Wortes gleichzeitig anzuschauen.

© www.ipl-nicolay.com

☺X◆ZΥD🕯H♎N

Der Kobrablick

4-6 Zeichen gleichzeitig anschauen.
Vorübung, um 4-8 Buchstaben eines Wortes gleichzeitig anzuschauen.

© www.ipl-nicolay.com